INTRODUZIONE

Benvenuti, in questo libro "Come diventare un grande imprenditore". Se siete qui, è perché avete una passione per l'imprenditoria e la voglia di creare qualcosa di grande e duraturo. E sappiate che siete nel posto giusto.

Come imprenditore con anni di esperienza alle spalle, sono qui per condividere con voi le mie conoscenze, le sfide che ho affrontato e le lezioni che ho imparato lungo la strada. Non sono solo lezioni teoriche, ma vere e proprie esperienze sul campo che vi aiuteranno a diventare imprenditori di successo.

L'imprenditoria è una sfida che richiede un mix unico di competenze, talento, creatività e capacità di prendere rischi. Ma non preoccupatevi, tutti questi elementi sono acquisibili e migliorabili. Attraverso questo libro, vi aiuterò a sviluppare quelle abilità che vi mancano e a far crescere quelle che già possedete.

L'imprenditoria non è un'attività locale, ma globale. Ecco perché nel corso del libro, vi porterò in un viaggio attraverso il mondo degli imprenditori di successo. Vi mostrerò come imprenditori di diverse nazionalità e culture hanno raggiunto l'eccellenza nei loro campi. Questi esempi vi mostreranno come le diverse sfide possono essere affrontate in modo diverso, e vi daranno nuove idee su come affrontare le vostre sfide.

Ma non si tratta solo di teoria e storie di successo. Nel corso del libro, vi fornirò anche una serie di esercizi pratici che vi aiuteranno a sviluppare le abilità che vi servono. Ci saranno suggerimenti su come sviluppare la vostra idea imprenditoriale, come gestire il vostro tempo, come creare un team vincente, come gestire i vostri soldi e molto altro ancora.

Siate pronti ad essere ispirati e guidati in questo viaggio verso il successo imprenditoriale. E ricordate sempre che nulla è impossibile se avete la passione, la determinazione e le giuste conoscenze. Siete pronti? Cominciamo!!!

Prima di iniziare, voglio condividere con voi una verità fondamentale: diventare un grande imprenditore richiede tempo, impegno e sacrificio. Non esiste una scorciatoia per il successo, ma con una visione chiara, pianificazione strategica e perseveranza, è possibile raggiungere obiettivi che sembravano impossibili.

In questo libro, mi concentrerò su come sviluppare le abilità necessarie per diventare un imprenditore di successo. Ci saranno momenti in cui vi sentirete sopraffatti dalla quantità di lavoro da fare, dalle sfide che dovrete affrontare e dalle difficoltà che incontrerete lungo il percorso. Ma vi garantisco che ogni sforzo vale la pena. L'imprenditoria non è solo una professione, ma uno stile di vita.

Sono sicuro che molti di voi hanno già una idea imprenditoriale in mente, ma non sanno da dove cominciare o come svilupparla. In questo libro, vi guiderò attraverso il processo di sviluppo della vostra idea, passando dalla creazione di un piano di business solido alla sua implementazione.

Vi insegnerò anche come creare un team vincente e come gestire efficacemente le risorse umane. L'imprenditoria non è un'attività solitaria, ma richiede la collaborazione di molte persone per raggiungere obiettivi di successo. Vi fornirò suggerimenti pratici su come creare un ambiente di lavoro positivo e motivante per il vostro team.

Inoltre, ci saranno molti consigli pratici su come gestire il denaro, la comunicazione efficace, la tecnologia e la responsabilità sociale. Tutti questi elementi sono fondamentali per il successo imprenditoriale e, se gestiti correttamente, possono fare la differenza tra il successo e il fallimento.

Durante il viaggio, vi mostrerò esempi di imprenditori di successo provenienti da tutto il mondo, che hanno raggiunto il successo attraverso strategie e tecniche innovative. Questi esempi vi daranno una visione più ampia dell'imprenditoria e vi ispireranno a creare il vostro percorso verso il successo.

In sintesi, "Come diventare un grande imprenditore" è un libro che vi fornirà una guida pratica e completa su come diventare un imprenditore di successo. Vi guiderò attraverso il processo di sviluppo della vostra idea, vi mostrerò come creare un team vincente e vi fornirò consigli pratici su come gestire il denaro, la comunicazione e la tecnologia. Non c'è modo migliore di cominciare a realizzare i vostri sogni imprenditoriali che attraverso la conoscenza e la preparazione. Siete pronti per questo viaggio? Allora iniziamo....

Capitolo 1 - L'importanza dell'idea

L'idea è la base di qualsiasi impresa di successo. L'idea giusta può essere la differenza tra il successo e il fallimento. Ma come si sviluppa un'idea di successo? In questo capitolo, esploreremo l'importanza dell'idea e come sviluppare la vostra.

Un'idea di successo deve rispondere ad un bisogno reale del mercato. Deve essere innovativa e unica, ma allo stesso tempo, deve avere il potenziale di essere scalabile e redditizia. La creazione di un'idea vincente richiede tempo, impegno e molta creatività.

L'esempio di imprenditorialità mondiale che mi viene in mente riguarda Steve Jobs, il fondatore di Apple. Jobs ha sviluppato l'idea di un personal computer facile da usare e di design accattivante, che ha rivoluzionato il settore informatico. Ha anche creato un'esperienza d'acquisto unica, che ha fatto sì che i clienti di Apple si sentissero parte di una comunità esclusiva. La sua idea ha avuto un impatto enorme sul mondo della tecnologia e ha fatto di Jobs uno degli imprenditori di maggior successo nella storia moderna.

Ma non tutti hanno bisogno di avere un'idea completamente nuova per avere successo come imprenditore. A volte, basta prendere un'idea esistente e migliorarla o adattarla a un mercato diverso. Ad esempio, Amazon ha preso l'idea dei libri online e l'ha ampliata, diventando un gigante dell'e-commerce.

Per sviluppare un'idea vincente, è importante avere una mentalità aperta e curiosa. Dovete essere disposti a guardare al di là delle soluzioni convenzionali e ad esplorare nuove possibilità. Parlate con le persone e cercate di capire le loro esigenze e i loro desideri. Ascoltate i feedback e cercate di trovare soluzioni innovative ai problemi esistenti.

È anche importante testare la vostra idea in modo che possiate verificare la sua fattibilità. Cercate feedback da parte di esperti del settore e dai potenziali clienti. Valutate il mercato e la concorrenza, e assicuratevi che la vostra idea abbia un potenziale di mercato sufficiente.

Una volta che avete sviluppato un'idea vincente, è importante proteggerla attraverso la registrazione di brevetti o marchi. Questo vi aiuterà a impedire a concorrenti di copiare la vostra idea e proteggere la vostra attività.

Sviluppare un'idea vincente richiede creatività, curiosità e perseveranza. L'idea giusta può essere la base di un'impresa di successo. Guardate al di là delle soluzioni convenzionali, testate la vostra idea e proteggetela. Il successo può essere vostro se sviluppate un'idea vincente e lavorate sodo per realizzarla.

Ecco alcuni consigli per sviluppare la vostra idea imprenditoriale:

1. Siate curiosi: cercate di capire le esigenze e i desideri dei vostri potenziali clienti, e cercate di trovare soluzioni innovative ai loro

problemi.

2. Siate flessibili: siate disposti a cambiare direzione se necessario. L'idea vincente potrebbe non essere quella con cui avete iniziato.

3. Siate proattivi: non aspettate che le cose accadano, ma cercate di fare accadere le cose. Prendete l'iniziativa e agite.

4. Siate tenaci: lo sviluppo di un'idea vincente richiede tempo e impegno. Non arrendetevi alle prime difficoltà.

5. Collaborate: cercate collaborazioni con esperti del settore, altre imprese o startup. Potreste trovare idee e soluzioni che non avreste trovato lavorando da soli.

Ricordate che lo sviluppo di un'idea vincente richiede molta creatività e perseveranza. Non abbiate paura di sbagliare, ma imparate dai vostri errori e cercate di migliorare continuamente la vostra idea. Se riuscite a sviluppare un'idea di successo, potreste essere in grado di trasformare la vostra passione in un'impresa di successo.

Un'idea di successo deve essere sostenibile nel lungo termine, e questo significa che dovrebbe rispondere ai bisogni dei clienti, avere un modello di business solido e una strategia di marketing efficace.

Per esempio, una delle imprese di maggior successo a livello mondiale, Amazon, è stata fondata da Jeff Bezos nel 1994 come negozio online di libri. L'idea iniziale era di creare un negozio online dove i clienti potessero acquistare libri a prezzi scontati. Tuttavia, Bezos si rese conto che il potenziale del suo negozio non era limitato solo ai libri, ma poteva espandersi a tutti i tipi di prodotti. Quindi, ha iniziato ad ampliare la gamma di prodotti offerti su Amazon, dal momento che la sua attenzione era incentrata sulle esigenze dei clienti e sulla loro esperienza d'acquisto. L'azienda ha inoltre implementato il modello di business dell'abbonamento Amazon Prime, che offre spedizioni gratuite e servizi aggiuntivi ai suoi abbonati.

Ci sono molte altre storie di successo di imprenditori che hanno avuto successo grazie a un'idea originale e alla loro abilità nell'implementarla. Ma una cosa che tutte queste storie hanno in comune è la determinazione dei loro fondatori nel perseguire il loro sogno e la loro capacità di adattarsi ai cambiamenti del mercato e alle esigenze dei clienti.

Per concludere, l'idea è solo l'inizio del percorso imprenditoriale. Svilupparla richiede creatività, flessibilità, proattività e tenacia. Una volta che l'idea è sviluppata, bisogna implementarla nel modo migliore possibile, adattarsi ai cambiamenti del mercato e alle esigenze dei clienti e cercare sempre di migliorare e innovare. Solo così potrete diventare un grande imprenditore e avere successo nel vostro percorso imprenditoriale.

Capitolo 2 - Il valore del rischio

Quando si parla di imprenditorialità, il rischio è inevitabile. Tuttavia, il rischio è anche un'opportunità. La capacità di prendere rischi calcolati è una delle caratteristiche distintive di un grande imprenditore.

Molti imprenditori di successo hanno preso rischi significativi nella loro carriera, ma questi rischi erano basati su una conoscenza approfondita del mercato e dell'industria in cui operavano. Il rischio deve essere valutato e ponderato, ma una volta che si è deciso di intraprendere una strada, è importante mantenere la fiducia e non avere paura di fallire.

L'imprenditorialità è un viaggio di scoperta, un percorso che richiede una mente aperta e la capacità di sperimentare cose nuove. Ci sono molte storie di imprenditori che hanno avuto successo grazie alla loro capacità di prendere rischi calcolati.

Un esempio di successo basato sul rischio è Airbnb, la società che ha rivoluzionato il settore degli alloggi turistici. Nel 2008, i fondatori di Airbnb, Brian Chesky e Joe Gebbia, stavano cercando di pagare l'affitto della loro casa a San Francisco e hanno deciso di affittare dei materassi gonfiabili nella loro sala da pranzo ai partecipanti ad una conferenza di design che si teneva in città. Questa iniziativa ha dato vita a Airbnb, che ora è valutata a oltre 100 miliardi di dollari.

Airbnb è un esempio di come il rischio può portare a grandi ricompense, ma anche di come il rischio deve essere gestito e valutato. Chesky e Gebbia hanno sperimentato la loro idea in modo sicuro e con pochi rischi finanziari, ma poi hanno deciso di investire nella loro idea e di espandere la loro attività.

Oltre alla capacità di prendere rischi calcolati, un grande imprenditore deve anche avere la capacità di gestire i rischi. Questo significa che bisogna essere preparati per gli eventuali fallimenti e per i momenti difficili. È importante avere un piano di backup e la capacità di adattarsi ai cambiamenti del mercato.

In conclusione, il rischio è un elemento fondamentale dell'imprenditorialità. Un grande imprenditore sa valutare i rischi, gestirli e sfruttarli per ottenere grandi ricompense. Tuttavia, il rischio non deve essere preso alla leggera e deve essere gestito in modo intelligente. Prendere rischi calcolati, essere preparati per gli eventuali fallimenti e adattarsi ai cambiamenti del mercato sono tutte abilità che un grande imprenditore deve avere.

Il rischio può essere anche un'opportunità per superare se stessi e raggiungere grandi obiettivi. Tuttavia, è importante capire che il rischio non è l'unica via per il successo imprenditoriale. È possibile creare un'impresa di successo senza dover necessariamente prendere rischi significativi. Tuttavia, la capacità di gestire il rischio rimane un elemento fondamentale per un imprenditore di successo.

Un altro esempio di successo basato sul rischio è quello di Elon Musk, l'imprenditore che ha fondato SpaceX,

Tesla e molte altre società innovative. Musk ha spinto i limiti dell'innovazione e ha preso rischi significativi per realizzare i suoi sogni. Ad esempio, con SpaceX ha creato la prima azienda privata ad aver lanciato un razzo nello spazio. Anche Tesla, l'azienda di automobili elettriche di cui Musk è CEO, ha preso rischi significativi per rivoluzionare l'industria automobilistica.

Tuttavia, anche Musk ha imparato dall'esperienza e ha affrontato i suoi fallimenti. Tesla ha avuto problemi di produzione e di qualità nei primi anni, ma Musk ha saputo adattarsi e risolvere i problemi. Questo dimostra che la gestione dei rischi e la capacità di adattarsi ai cambiamenti del mercato sono essenziali per il successo imprenditoriale.

In definitiva, il rischio è un elemento importante dell'imprenditorialità, ma deve essere valutato e gestito in modo intelligente. Un grande imprenditore sa valutare i rischi e sfruttare le opportunità che si presentano, ma allo stesso tempo ha anche la capacità di gestire i rischi e di adattarsi ai cambiamenti del mercato. La capacità di prendere rischi calcolati è solo una delle abilità necessarie per diventare un grande imprenditore. Ci sono molti altri fattori che contribuiscono al successo imprenditoriale, come la creatività, la perseveranza e la capacità di apprendere dagli errori.

Uno degli esempi di successo imprenditoriale senza aver preso grandi rischi è quello di Jeff Bezos, il fondatore di Amazon. Bezos ha creato un'impresa di successo partendo dalla vendita di libri online, e ha poi espanso l'azienda in diversi settori, come l'e-commerce, la tecnologia cloud e lo streaming video. La strategia di Bezos era quella di fornire un servizio eccellente ai clienti, investendo in nuove tecnologie e in un'ampia gamma di prodotti.

Tuttavia, nonostante non abbia preso grandi rischi iniziali, Bezos ha saputo affrontare le sfide e adattarsi alle nuove opportunità. Amazon ha dovuto affrontare problemi di concorrenza, regolamentazione e di logistica, ma Bezos ha sempre trovato un modo per superare queste difficoltà e continuare a crescere.

Inoltre, la capacità di gestire il rischio non riguarda solo l'aspetto finanziario dell'impresa, ma anche la gestione del tempo e delle risorse. Un grande imprenditore sa come gestire il suo tempo e le sue risorse in modo efficiente, concentrando le sue energie sulle attività che generano maggior valore per l'azienda. Ad esempio, Steve Jobs, il fondatore di Apple, era noto per la sua capacità di concentrarsi sui prodotti più importanti e di eliminare le distrazioni.

L'imprenditorialità richiede la capacità di prendere rischi, ma anche la capacità di gestirli in modo intelligente. Un grande imprenditore sa come valutare i rischi e sfruttare le opportunità che si presentano, ma allo stesso tempo ha anche la capacità di adattarsi ai cambiamenti del mercato e di gestire le sfide che si presentano. La gestione del rischio è solo una delle molte abilità necessarie per diventare un grande imprenditore, e un imprenditore di successo deve anche essere creativo, perseverante e in grado di apprendere dagli errori.

Un grande imprenditore deve anche essere in grado

di riconoscere quando un'idea o un progetto non sta funzionando e di sapere quando è il momento di abbandonarlo. A volte, il fallimento può essere un'opportunità per imparare e crescere, ma ci sono anche situazioni in cui il perseguire un'idea o un progetto che non sta funzionando può essere dannoso per l'azienda. Un imprenditore di successo sa come valutare le situazioni e prendere decisioni difficili, anche se ciò significa abbandonare un progetto a cui è fortemente legato.

Per sviluppare la capacità di gestire il rischio, gli imprenditori possono cercare di imparare da altri imprenditori di successo, studiando la loro storia e le loro strategie. Inoltre, possono cercare di sviluppare la loro capacità di analisi, valutando i dati e le informazioni disponibili per prendere decisioni informate. In questo modo, possono valutare i rischi e le opportunità in modo più accurato e prendere decisioni migliori.

Gli imprenditori devono anche essere disposti ad assumersi la responsabilità delle loro decisioni e delle conseguenze che ne derivano. Non sempre le scelte giuste portano al successo, ma un grande imprenditore sa come affrontare i fallimenti e imparare dagli errori. La capacità di gestire il rischio, combinata con la creatività, la perseveranza e la capacità di apprendere dagli errori, può portare a grandi successi imprenditoriali e alla realizzazione dei propri sogni.

In questo capitolo abbiamo visto l'importanza del rischio nell'imprenditorialità e come un grande imprenditore deve essere in grado di gestirlo in modo intelligente. Abbiamo anche esaminato gli esempi di Jeff Bezos e Steve Jobs, due imprenditori di successo che hanno saputo gestire il rischio e adattarsi ai cambiamenti del mercato.

Capitolo 3 - La pianificazione strategica

La pianificazione strategica è un elemento fondamentale per il successo imprenditoriale. Un imprenditore di successo deve essere in grado di sviluppare una strategia efficace per la sua azienda, che preveda obiettivi chiari e definisca le azioni necessarie per raggiungerli. In questo capitolo esploreremo l'importanza della pianificazione strategica nell'imprenditorialità e vedremo alcuni esempi di imprenditori di successo che hanno utilizzato questa strategia per raggiungere grandi traguardi.

La pianificazione strategica può essere definita come un processo di analisi, decisione e azione, finalizzato a creare e mantenere un vantaggio competitivo sostenibile per l'azienda. Un piano strategico ben sviluppato deve includere una valutazione dell'ambiente esterno, delle forze competitive, delle capacità dell'azienda e delle sfide che dovranno essere affrontate.

Un esempio di imprenditore che ha utilizzato la pianificazione strategica in modo efficace è Elon Musk. Musk è il fondatore di diverse aziende di successo, tra cui Tesla Motors, SpaceX e SolarCity. Musk è noto per la sua capacità di sviluppare una visione a lungo termine per le sue aziende e per la sua attenzione ai dettagli. Ad esempio, Musk ha sviluppato una strategia per Tesla che prevedeva di iniziare con la produzione di veicoli di lusso, per poi espandersi nel mercato di massa. Questo gli ha permesso di sviluppare la tecnologia necessaria per produrre auto elettriche di alta qualità, creando un vantaggio competitivo sostenibile per la sua azienda.

Un altro esempio di imprenditore che ha utilizzato la pianificazione strategica in modo efficace è Sara Blakely, fondatrice di Spanx, un'azienda che produce intimo e abbigliamento modellante. Blakely ha sviluppato la sua azienda partendo da zero e ha utilizzato una strategia che prevedeva di concentrarsi sulla creazione di un prodotto di alta qualità e di sviluppare relazioni solide con i clienti. Questa strategia le ha permesso di creare un vantaggio competitivo sostenibile per la sua azienda e di diventare una delle imprenditrici di maggior successo degli ultimi decenni.

Per sviluppare una pianificazione strategica efficace, gli imprenditori possono utilizzare una serie di strumenti e tecniche. Ad esempio, possono utilizzare l'analisi SWOT per valutare le forze, le debolezze, le opportunità e le minacce dell'azienda. Possono anche utilizzare la matrice di Porter per valutare la competitività dell'azienda rispetto ai suoi concorrenti. Inoltre, possono utilizzare la segmentazione del mercato per identificare i segmenti di mercato più attraenti per l'azienda e sviluppare una strategia di marketing mirata.

La pianificazione strategica è importante per garantire la sostenibilità dell'impresa nel lungo termine. Una buona pianificazione prevede anche la definizione di obiettivi chiari e misurabili e la definizione di un piano d'azione dettagliato per raggiungerli.

Un esempio di un'azienda che ha avuto successo grazie a una pianificazione strategica accurata è la Apple. La società ha definito una chiara missione: rendere la tecnologia accessibile a tutti, indipendentemente dalle loro abilità informatiche. Questo ha portato alla creazione di prodotti iconici come l'iPod, l'iPhone e l'iPad. La Apple ha anche investito pesantemente nella ricerca e sviluppo per mantenere la propria posizione di leader del settore.

In conclusione, la pianificazione strategica è un elemento fondamentale per l'impresa di successo. Senza di essa, l'impresa è come una nave senza bussola, destinata a vagare senza una direzione precisa. Prenditi il tempo per sviluppare una pianificazione strategica solida e vedrai i frutti del tuo lavoro.

Ci sono diverse fasi che devono essere seguite per sviluppare una pianificazione strategica efficace. La prima fase è l'analisi dell'ambiente esterno e interno dell'azienda. Questo implica la comprensione del mercato in cui si opera, i concorrenti, i clienti, le opportunità e le minacce. L'analisi interna invece si concentra sulle risorse dell'impresa, le sue capacità e le sue limitazioni.

La seconda fase è la definizione degli obiettivi e degli obiettivi a lungo termine dell'impresa. Questi obiettivi dovrebbero essere specifici, misurabili, realistici e pertinenti.

La terza fase è lo sviluppo di una strategia per raggiungere gli obiettivi prefissati. Questa strategia dovrebbe essere basata sulle analisi precedenti e sulla comprensione del mercato in cui si opera. In questa fase si dovrebbe anche considerare l'allocazione delle risorse necessarie per implementare la strategia.

La quarta fase è la definizione di piani d'azione dettagliati per implementare la strategia. Questi piani dovrebbero includere informazioni su come i singoli membri dell'azienda contribuiranno all'implementazione della strategia e come verrà monitorato il progresso.

Infine, la quinta fase è il monitoraggio e la valutazione dei risultati. Durante questa fase si dovrebbe valutare il progresso dell'azienda rispetto agli obiettivi prefissati, identificare eventuali problemi e apportare eventuali correzioni.

In sintesi, una pianificazione strategica efficace è essenziale per garantire il successo dell'impresa nel lungo termine. Seguendo le fasi sopra indicate e prendendosi il tempo di sviluppare una strategia solida, l'impresa può raggiungere i suoi obiettivi e mantenere la sua posizione di leader del mercato.

Per capire meglio l'importanza della pianificazione strategica, si possono esaminare alcuni esempi di imprenditorialità mondiale. Ad esempio, Apple è nota per la sua pianificazione strategica lungimirante e per il suo focus sulla creazione di prodotti innovativi. Steve Jobs, fondatore di Apple, ha sviluppato una strategia di marketing basata sulla creazione di un'esperienza d'acquisto unica per i consumatori, combinata con la continua innovazione dei prodotti. Grazie a questa strategia, Apple ha raggiunto un grande successo e continua ad essere un'azienda leader nel settore tecnologico.

Un altro esempio è Tesla, fondata da Elon Musk, che ha sviluppato una strategia di produzione di veicoli elettrici di alta gamma, combinando design innovativo e tecnologia avanzata. Grazie alla sua visione a lungo termine e alla sua capacità di pianificazione strategica, Tesla ha rivoluzionato il mercato dell'automobile elettrica e si è affermata come una delle aziende più innovative e di successo nel settore automobilistico.

Questi esempi dimostrano come una pianificazione strategica solida possa fare la differenza tra il successo e il fallimento di un'impresa. Una pianificazione strategica ben sviluppata e attuata correttamente può aiutare a guidare l'impresa verso il successo, consentendo di raggiungere gli obiettivi prefissati e di restare competitivi nel lungo termine.

Capitolo 4 - La gestione del tempo

La gestione del tempo è una delle abilità più importanti che ogni imprenditore deve possedere. Nel mondo degli affari, il tempo è un bene prezioso e, per questo, la sua gestione efficiente può fare la differenza tra il successo e il fallimento dell'impresa. In questo capitolo, esploreremo l'importanza della gestione del tempo e come gli imprenditori possono utilizzare questa abilità per migliorare la produttività e raggiungere i loro obiettivi.

L'importanza della gestione del tempo

La gestione del tempo è un aspetto critico dell'imprenditorialità, in quanto gli imprenditori devono essere in grado di gestire le loro attività in modo efficiente e produttivo. Ciò implica la capacità di pianificare e organizzare le attività quotidiane, nonché di gestire i propri obiettivi a lungo termine. Una buona gestione del tempo può aiutare gli imprenditori a:

- Essere più produttivi: Una gestione del tempo efficiente può aiutare gli imprenditori a ridurre gli sprechi di tempo e ad aumentare la produttività.
- Migliorare la qualità del lavoro: Quando gli imprenditori gestiscono il loro tempo in modo efficace, possono dedicare più tempo e attenzione alle attività importanti, migliorando così la qualità del loro lavoro.

- Ridurre lo stress: Una gestione del tempo inefficace può causare stress e ansia. Gli imprenditori che gestiscono il loro tempo in modo efficiente possono ridurre i livelli di stress e migliorare la loro salute mentale.

Esempi di imprenditorialità mondiale

La gestione del tempo è stata una componente importante del successo di molte imprese di successo. Ad esempio, Richard Branson, fondatore di Virgin Group, è noto per la sua abilità di gestione del tempo. Branson attribuisce il suo successo alla capacità di delegare le attività minori e concentrarsi sulle attività più importanti, utilizzando un sistema di pianificazione e gestione del tempo efficace.

Un altro esempio è Warren Buffett, uno dei più grandi investitori di tutti i tempi, che attribuisce il suo successo alla sua capacità di gestire il tempo in modo efficiente. Buffett utilizza un sistema di pianificazione giornaliera in cui elenca le sue attività prioritarie e si concentra su di esse, dedicando tempo e attenzione adeguati.

Come migliorare la gestione del tempo

Ci sono molte tecniche che gli imprenditori possono utilizzare per migliorare la loro gestione del tempo. Alcune di queste includono:

- Utilizzare un sistema di pianificazione: Un sistema di pianificazione può aiutare gli imprenditori a organizzare le loro attività quotidiane e a dedicare il tempo adeguato alle attività importanti.

- Delegare le attività minori: Delegare le attività minori può aiutare gli imprenditori a concentrarsi sulle attività più importanti e ad aumentare la loro produttività.

- Impostare scadenze: Impostare scadenze può aiutare gli imprenditori a gestire il loro tempo in modo più efficace e ad evitare di procrastinare.

- Fissare obiettivi: Fissare obiettivi è fondamentale per la gestione del tempo. Gli imprenditori devono avere obiettivi chiari e definiti per poter sapere dove stanno andando e come raggiungerli. È importante suddividere gli obiettivi in obiettivi a breve termine e a lungo termine, in modo da avere una visione chiara del percorso da seguire.

- Pianificare la giornata: Pianificare la giornata può aiutare gli imprenditori a massimizzare il loro tempo e a gestire le attività in modo più efficiente. Una buona pratica è quella di creare una lista delle attività da svolgere e di assegnare loro una priorità in base all'importanza e all'urgenza.

- Delegare compiti: Delegare compiti è un'altra abilità importante per la gestione del tempo. Gli imprenditori non possono fare tutto da soli e devono affidare alcune attività ai propri dipendenti o collaboratori. In questo modo, possono concentrarsi sulle attività più importanti e ridurre il carico di lavoro complessivo.

- Evitare distrazioni: Evitare distrazioni è essenziale per la gestione del tempo. Gli imprenditori devono evitare di perdere tempo su attività che non sono importanti o che non hanno un impatto significativo sulla loro attività. Inoltre, dovrebbero evitare di essere distratti da telefonate, e-mail o altre interruzioni durante il loro lavoro.

- Obiettivi chiari e misurabili: Fissare obiettivi chiari e misurabili è un altro modo per gestire il tempo in modo efficace. Gli imprenditori devono sapere esattamente cosa vogliono raggiungere e come lo faranno, e poi suddividere il lavoro in compiti più piccoli e fattibili.

- Automatizzare i processi: L'automatizzazione dei processi può aiutare gli imprenditori a risparmiare tempo e risorse. Ci sono molte soluzioni software disponibili che possono automatizzare alcune attività ripetitive, come la fatturazione, il controllo del magazzino, la gestione delle email, ecc.

- Utilizzare le tecnologie di comunicazione: L'utilizzo di tecnologie di comunicazione avanzate, come le videoconferenze e le chat online, può aiutare gli imprenditori a risparmiare tempo e denaro nei viaggi d'affari e nelle riunioni. In questo modo, possono anche collaborare con colleghi e clienti in tutto il mondo in modo più efficiente.

Esempi di imprenditorialità mondiale:

- Elon Musk: fondatore di Tesla, SpaceX, Neuralink e The Boring Company, ha dimostrato una notevole capacità di innovare e portare avanti idee audaci, come la produzione di auto elettriche, la colonizzazione di Marte e la costruzione di tunnel sotterranei per il trasporto pubblico.

- Jeff Bezos: fondatore di Amazon, ha creato uno dei più grandi e influenti negozi online del mondo e ha diversificato il suo business in molti settori, tra cui l'industria dei droni, la tecnologia della sicurezza e la produzione di film e serie TV.

- Jack Ma: fondatore di Alibaba, ha costruito un impero commerciale online che ha rivoluzionato il modo in cui i consumatori cinesi fanno acquisti e ha aperto nuove opportunità di business per gli imprenditori di tutto il mondo.

- Richard Branson: fondatore di Virgin Group, ha creato un impero di oltre 400 società in diversi settori, tra cui aviazione, trasporti, media e intrattenimento.

In sintesi, gestire il tempo è una competenza fondamentale per gli imprenditori di successo e ci sono molte strategie e tecnologie disponibili per aiutarli a farlo in modo più efficace. Studiare gli esempi di imprenditorialità mondiale può anche fornire ispirazione e motivazione per perseguire i propri obiettivi e realizzare il proprio potenziale come imprenditore.

La gestione del tempo è fondamentale per il successo di qualsiasi imprenditore. Gli imprenditori devono essere in grado di pianificare, organizzare e gestire il loro tempo in modo efficace per poter raggiungere i loro obiettivi. Impostare scadenze, fissare obiettivi, pianificare la giornata, delegare compiti ed evitare distrazioni sono tutte abilità importanti per la gestione del tempo.

Capitolo 5- La leadership

La leadership è una qualità essenziale per diventare un grande imprenditore. La capacità di guidare e ispirare gli altri è fondamentale per il successo dell'impresa. In questo capitolo, esploreremo le qualità e le abilità necessarie per essere un leader efficace, e analizzeremo gli esempi di imprenditorialità mondiale che hanno dimostrato un'ottima leadership.

Qualità di un leader

Un leader deve possedere una vasta gamma di qualità che lo distinguono dagli altri. Uno dei principali tratti distintivi di un leader è la capacità di comunicare in modo chiaro ed efficace. La comunicazione è fondamentale per creare una visione comune e ispirare le persone a lavorare insieme per raggiungere gli obiettivi dell'impresa.

Un altro tratto importante è la capacità di motivare gli altri. Un leader deve essere in grado di creare un ambiente di lavoro positivo e stimolante, e motivare i dipendenti a dare il meglio di sé.

La capacità di prendere decisioni difficili è un'altra qualità essenziale per un leader. In un'impresa, ci saranno momenti in cui il leader dovrà prendere decisioni importanti e rischiose. È importante che il leader abbia il coraggio di prendere queste decisioni e di assumersi la responsabilità delle conseguenze.

Abilità di un leader

Oltre alle qualità personali, un leader deve possedere anche alcune abilità specifiche. Un leader deve essere in grado di gestire il tempo in modo efficiente, pianificare e organizzare il lavoro, delegare responsabilità e risorse in modo equilibrato.

La capacità di gestire il conflitto è un'altra abilità importante per un leader. In un'impresa, ci saranno inevitabilmente conflitti tra i dipendenti o tra i dipendenti e i clienti. Un leader deve essere in grado di affrontare questi conflitti in modo professionale e rispettoso, trovando soluzioni soddisfacenti per tutte le parti coinvolte.

Esempi di leadership mondiale

Ci sono molti esempi di imprenditori che hanno dimostrato un'ottima leadership. Steve Jobs, il fondatore di Apple, è stato un leader carismatico e visionario che ha ispirato la sua squadra a creare prodotti rivoluzionari come l'iPhone e l'iPad. Jeff Bezos, il fondatore di Amazon, è noto per la sua capacità di innovare e di anticipare le tendenze del mercato. Elon Musk, il fondatore di Tesla e SpaceX, è stato in grado di guidare le sue aziende verso obiettivi ambiziosi e a lungo termine.

In ogni caso, questi imprenditori hanno dimostrato le qualità e le abilità necessarie per essere leader efficaci. Hanno avuto una visione chiara e una grande determinazione nel raggiungere i loro obiettivi, e hanno saputo ispirare la loro squadra a lavorare insieme per raggiungere grandi risultati.

Un buon leader sa come motivare il suo team e tenere alta la loro morale. Ciò può essere fatto attraverso la comunicazione regolare, l'ascolto attivo delle preoccupazioni dei dipendenti e la creazione di un ambiente di lavoro positivo. Inoltre, un leader deve essere in grado di delegare le responsabilità in modo efficace e fidarsi del suo team per fare il lavoro assegnato.

Un esempio di un grande leader imprenditoriale è Jeff Bezos, il fondatore di Amazon. Bezos ha creato un'organizzazione basata sulla visione, sulla missione e sui valori fondamentali dell'azienda. Ha anche messo in atto una cultura dell'innovazione, incoraggiando i dipendenti a pensare fuori dagli schemi e a sperimentare nuove idee. Questo approccio ha permesso ad Amazon di diventare uno dei brand più riconosciuti e rispettati al mondo.

In sintesi, la leadership è una qualità essenziale per ogni imprenditore di successo. Essere un buon leader richiede non solo la capacità di prendere decisioni difficili e di gestire un team, ma anche la capacità di comunicare efficacemente, motivare gli altri e adattarsi ai cambiamenti. Con la giusta combinazione di talento naturale e sviluppo personale, ogni imprenditore può diventare un grande leader.A proposito della leadership, un altro importante aspetto da considerare è l'abilità di delegare. I grandi imprenditori sanno che non possono fare tutto da soli e, quindi, sanno quando e come delegare le responsabilità ai loro dipendenti o collaboratori. Questo non solo aiuta a distribuire il carico di lavoro, ma anche a creare un senso di responsabilità e di coinvolgimento all'interno dell'azienda.

Inoltre, i leader di successo sono in grado di comunicare in modo chiaro e convincente con il loro team, sanno ascoltare le loro opinioni e le loro preoccupazioni e si impegnano a mantenere un ambiente di lavoro positivo e motivante. Sanno come gestire le divergenze di opinione e le situazioni difficili, mantenendo sempre il controllo delle emozioni e cercando di trovare soluzioni creative e innovative.

Un esempio di leadership efficace a livello globale è quello di Elon Musk, il CEO di SpaceX e Tesla, che è noto per la sua capacità di motivare il suo team a raggiungere obiettivi ambiziosi e innovativi. Musk ha dimostrato di avere una grande visione e una forte determinazione, che gli ha permesso di trasformare il settore dell'auto e dell'aerospazio, nonostante le sfide e le critiche che ha incontrato lungo la strada.

In sintesi, la leadership è un aspetto cruciale per diventare un grande imprenditore. La capacità di motivare, ispirare e gestire il proprio team è fondamentale per raggiungere i propri obiettivi e avere successo nel mondo degli affari. Ma la leadership non è solo una questione di carisma e di carriera, ma richiede anche una conoscenza approfondita del settore, una grande capacità di pianificazione e una forte determinazione nell'affrontare le sfide che si presentano lungo la strada.

Capitolo 6 - Il marketing

Il marketing è una delle discipline più importanti per qualsiasi impresa. Senza una strategia di marketing efficace, anche il miglior prodotto o servizio rischia di passare inosservato. In questo capitolo, esploreremo l'importanza del marketing e come utilizzarlo per creare una posizione di forza nel mercato.

Il marketing è una scienza in continua evoluzione, in cui le strategie e le tecniche utilizzate devono essere costantemente aggiornate per rimanere al passo con le tendenze del mercato. Ciò è particolarmente vero nell'era digitale in cui viviamo, in cui la tecnologia sta cambiando il modo in cui le imprese si connettono con i clienti.

Una strategia di marketing efficace deve prendere in considerazione i bisogni dei clienti e le loro aspettative. In altre parole, la strategia deve essere centrata sul cliente. Il marketing non è solo pubblicità o promozione di un prodotto o servizio, ma comprende anche la ricerca di mercato, l'analisi dei dati e la creazione di un'esperienza d'acquisto positiva per il cliente.

Il marketing digitale è oggi uno dei canali più importanti per le imprese. Le piattaforme di social media come Facebook, Instagram e Twitter offrono alle imprese la possibilità di raggiungere un vasto pubblico di clienti potenziali. La pubblicità online può essere altamente mirata, consentendo alle imprese di raggiungere esattamente il pubblico giusto per il loro prodotto o servizio.

Il marketing non riguarda solo la promozione di un prodotto o servizio, ma anche la costruzione di una marca forte. Una marca forte è un asset prezioso per qualsiasi impresa, poiché può aumentare la fedeltà dei clienti e la reputazione dell'impresa nel mercato. La costruzione di una marca forte richiede tempo e impegno, ma può essere un investimento altamente redditizio a lungo termine.

In un mondo sempre più competitivo, il marketing è fondamentale per il successo di qualsiasi impresa. Una strategia di marketing efficace può aiutare un'impresa a distinguersi dalla concorrenza e a creare un valore aggiunto per i clienti. Le imprese che investono in una strategia di marketing ben progettata possono aspettarsi di vedere un aumento del traffico del sito web, delle conversioni e delle entrate.

Il marketing è uno degli aspetti più importanti dell'imprenditorialità. Una strategia di marketing ben progettata e ben eseguita può aiutare un'impresa a raggiungere il successo e la crescita a lungo termine. Le imprese che si concentrano sulle esigenze dei loro clienti e che sono disposte ad adattarsi alle tendenze del mercato hanno maggiori probabilità di prosperare nel mercato competitivo di oggi.

Inoltre, il marketing non si limita alla promozione del prodotto o del servizio, ma comprende anche l'analisi dei bisogni dei clienti, la definizione del target di riferimento, la segmentazione del mercato e la creazione di strategie di branding per differenziarsi dalla concorrenza.

Un altro aspetto importante del marketing è la capacità di utilizzare i canali giusti per raggiungere il proprio pubblico di riferimento. Con l'avvento delle tecnologie digitali, i canali di marketing si sono moltiplicati e i consumatori sono sempre più presenti online. Pertanto, è fondamentale per gli imprenditori comprendere i meccanismi del marketing digitale e saperli utilizzare in modo efficace.

Il marketing non si limita alla fase di lancio del prodotto o del servizio, ma è un processo continuo che richiede costante innovazione e aggiornamento. Gli imprenditori di successo sono in grado di adattarsi ai cambiamenti del mercato e di rinnovare costantemente le loro strategie di marketing per restare competitivi.

Il marketing è uno dei pilastri fondamentali dell'imprenditoria moderna e richiede una costante attenzione e innovazione da parte degli imprenditori. Solo coloro che sanno utilizzare in modo efficace gli strumenti del marketing saranno in grado di distinguersi dalla concorrenza e raggiungere il successo nel mercato globale.

Inoltre, con l'avvento dei social media e della pubblicità online, il marketing si sta evolvendo a un ritmo senza precedenti. Gli imprenditori devono essere in grado di adattarsi alle nuove tendenze e tecnologie e sfruttarle al massimo per raggiungere il loro pubblico di riferimento. I canali di social media come Facebook, Twitter, Instagram e LinkedIn sono diventati strumenti essenziali per il marketing di qualsiasi impresa. Le aziende possono utilizzare questi canali per creare una forte presenza online e raggiungere i propri clienti in modo efficace.

Un altro fattore importante per il successo del marketing è la capacità di ascoltare e rispondere ai feedback dei clienti. Gli imprenditori che riescono a creare un'esperienza positiva per i propri clienti, rispondere alle loro esigenze e feedback, e risolvere i loro problemi, avranno maggiori probabilità di mantenere una clientela fedele e di successo.

In sintesi, il marketing è un elemento fondamentale per il successo di qualsiasi impresa. Gli imprenditori devono essere in grado di creare una strategia di marketing efficace, adattarsi alle nuove tecnologie e tendenze, e ascoltare e rispondere ai feedback dei propri clienti. Solo allora potranno raggiungere il successo e la crescita che desiderano.

Il marketing è la chiave per far conoscere il tuo prodotto o servizio al mondo. Senza una strategia di marketing efficace, anche il prodotto migliore al mondo potrebbe non raggiungere il successo desiderato. In questo capitolo, ti guiderò attraverso i principi fondamentali del marketing e ti fornirò gli strumenti necessari per creare una strategia di successo.

Definisci il tuo target di riferimento

1. Il primo passo fondamentale è capire il tuo pubblico di riferimento. Chi sono le persone che potrebbero essere interessate al tuo prodotto o servizio? Quali sono le loro esigenze, i loro problemi e le loro aspirazioni?

Una volta che hai una comprensione chiara del tuo target di riferimento, puoi creare un messaggio di marketing mirato e efficace.

Identifica i tuoi punti di forza

2. Quali sono i punti di forza del tuo prodotto o servizio? Cosa lo rende unico e diverso rispetto alla concorrenza? Identificare i punti di forza ti aiuterà a creare una strategia di marketing convincente e adatta al tuo pubblico.

Scegli il giusto mix di marketing

3. Ci sono molte opzioni di marketing disponibili, tra cui pubblicità, PR, eventi, social media, email marketing e altro ancora. La scelta del giusto mix di marketing dipenderà dal tuo pubblico di riferimento e dal tuo budget. Non esiste una strategia di marketing universale che funziona per tutti, quindi dovrai sperimentare per capire cosa funziona meglio per il tuo prodotto o servizio.

Sviluppa un piano di marketing

4. Una volta che hai identificato il tuo target di riferimento, i tuoi punti di forza e il giusto mix di marketing, è il momento di sviluppare un piano di marketing dettagliato. Il tuo piano di marketing dovrebbe includere un calendario per le attività di marketing, un budget per ogni attività, metriche per misurare il successo e un piano di backup in caso di imprevisti.

Misura e adatta

5. Una volta che il tuo piano di marketing è in corso, è importante misurare i risultati

delle attività di marketing e apportare eventuali correzioni. Se un'attività non sta funzionando come previsto, dovrai apportare delle modifiche. Tieni traccia dei tuoi risultati e continua a sperimentare finché non trovi la strategia di marketing perfetta per il tuo prodotto o servizio.

In sintesi, la strategia di marketing è fondamentale per il successo del tuo prodotto o servizio. Identifica il tuo target di riferimento, i tuoi punti di forza e il giusto mix di marketing per creare un piano di marketing efficace e duraturo. Misura i risultati e continua a sperimentare finché non raggiungi il successo desiderato. Con la giusta strategia di marketing, il successo è a portata di mano!

Capitolo 7 - La gestione del denaro

La gestione del denaro è una delle parti fondamentali dell'imprenditoria e della vita in generale. Sia che tu stia avviando una nuova attività o semplicemente cercando di gestire le tue finanze personali, una buona gestione del denaro può fare la differenza tra il successo e il fallimento.

In questo capitolo, esploreremo alcune delle migliori pratiche per la gestione del denaro che possono aiutare gli imprenditori a mantenere il controllo delle loro finanze e raggiungere i loro obiettivi finanziari.

1. Creare un budget

Creare un budget è il primo passo per una gestione del denaro efficace. Ciò implica l'elaborazione di un piano di spesa mensile che tenga conto delle entrate e delle uscite. Il budget deve includere tutte le spese, dai costi di affitto e di utilità ai costi di marketing e di pubblicità. È importante monitorare regolarmente il budget per assicurarsi di rimanere in pista e di apportare eventuali aggiustamenti se necessario.

2. Separare le finanze personali e aziendali

Una delle migliori pratiche per la gestione del denaro è quella di tenere separate le finanze personali e aziendali. Ciò significa aprire un conto bancario aziendale separato e utilizzarlo solo per le transazioni aziendali. Questo aiuterà a mantenere traccia delle spese e delle entrate dell'azienda e semplificherà la contabilità.

   3. Gestire le fatture e le scadenze

Una gestione del denaro efficace richiede anche di tenere traccia delle fatture e delle scadenze e di pagarle puntualmente. Ciò aiuterà a evitare interessi e penali per pagamenti tardivi e a mantenere una buona reputazione finanziaria.

   4. Risparmiare denaro

Risparmiare denaro è un'altra pratica importante per la gestione del denaro. Ciò significa mettere da parte una certa quantità di denaro ogni mese per affrontare eventuali imprevisti o investire in future opportunità. Un conto di risparmio aziendale può essere un'ottima opzione per tenere il denaro al sicuro e guadagnare interessi.

   5. Analizzare i dati finanziari

Per una gestione del denaro efficace, è importante analizzare regolarmente i dati finanziari dell'azienda. Ciò include il monitoraggio delle entrate, delle spese e dei flussi di cassa. L'analisi dei dati finanziari può aiutare a identificare le aree in cui è possibile ridurre le spese e aumentare le entrate.

   6. Investire saggiamente

Infine, la gestione del denaro efficace richiede anche di investire saggiamente. Ciò significa considerare opzioni di investimento che offrono un buon equilibrio tra rischio e rendimento. Gli investimenti possono aiutare a far crescere il patrimonio dell'azienda e a proteggere contro l'inflazione.

La gestione del denaro può essere una sfida per molti imprenditori, ma è fondamentale per il successo a lungo termine dell'azienda. In questo capitolo, esploreremo alcuni dei principi fondamentali della gestione del denaro e forniremo una guida pratica per aiutare gli imprenditori a gestire il loro denaro in modo efficace.

Tenere traccia delle entrate e delle uscite

Il primo passo per una buona gestione del denaro è tenere traccia delle entrate e delle uscite. Ciò significa registrare ogni entrata di denaro che l'azienda riceve e ogni uscita di denaro che l'azienda fa. Questo può essere fatto utilizzando un software di contabilità o un semplice foglio di calcolo.

Pianificare per il futuro

La gestione del denaro non si tratta solo di gestire il denaro attuale, ma anche di pianificare per il futuro. Ciò significa che gli imprenditori dovrebbero considerare le spese future come l'acquisto di attrezzature o l'espansione dell'azienda. Pianificare per il futuro aiuta a garantire che ci sia denaro sufficiente per coprire le spese future.

Ridurre le spese

Ridurre le spese è un altro modo per migliorare la gestione del denaro. Ciò significa eliminare le spese superflue e cercare modi per ridurre i costi. Ad esempio, è possibile cercare fornitori meno costosi o ridurre il consumo di energia.

Monitorare la liquidità

La liquidità è la capacità dell'azienda di coprire le spese immediate. È importante monitorare la liquidità dell'azienda e garantire che ci sia sempre denaro sufficiente per coprire le spese correnti. Ciò può essere fatto utilizzando un conto corrente separato per le spese aziendali o utilizzando un software di contabilità che tiene traccia della liquidità. Gestire i debiti

Gestire i debiti è un altro aspetto importante della gestione del denaro. Gli imprenditori dovrebbero cercare di evitare il debito inutile e cercare di ridurre il debito esistente. Se l'azienda ha debiti esistenti, è importante gestirli in modo efficace e assicurarsi di effettuare i pagamenti in tempo.

Investire saggiamente

Gli imprenditori dovrebbero investire saggiamente i loro soldi. Ciò significa investire in progetti che generano un ritorno sull'investimento e cercare di diversificare gli investimenti. Gli imprenditori dovrebbero anche evitare di investire troppo denaro in un'unica attività e cercare di ridurre il rischio complessivo degli investimenti.

In sintesi, la gestione del denaro è fondamentale per il successo imprenditoriale. Per gestire il denaro in modo efficace, gli imprenditori devono:

1. Avere una visione chiara del loro bilancio e delle loro entrate e uscite. È importante tenere traccia di tutti i soldi che entrano e escono dall'azienda per poter prendere decisioni informate.

2. Creare un piano di gestione del denaro e rispettarlo. Questo può includere il risparmio di una percentuale delle entrate per la creazione di un fondo di emergenza o l'investimento in nuove opportunità di

business.

3. Evitare di accumulare debiti inutili. È importante valutare attentamente tutte le spese e assicurarsi di avere i fondi necessari per coprirle.

4. Investire in modo intelligente. Gli imprenditori dovrebbero essere disposti a prendere dei rischi, ma devono farlo in modo calcolato e non mettere a rischio il loro bilancio.

5. Collaborare con un professionista finanziario. Un esperto può aiutare gli imprenditori a prendere decisioni informate sulla gestione del loro denaro e a creare una strategia finanziaria a lungo termine.

La gestione del denaro richiede impegno e disciplina, ma è essenziale per garantire la stabilità finanziaria dell'azienda e per costruire un business di successo nel lungo termine.

Capitolo 8 - La gestione delle risorse umane

La gestione delle risorse umane è un aspetto fondamentale per il successo di qualsiasi impresa, grande o piccola che sia. Gli impiegati sono l'elemento chiave per la realizzazione degli obiettivi aziendali e la loro gestione adeguata può determinare la differenza tra il successo e il fallimento. In questo capitolo, esploreremo i principi fondamentali della gestione delle risorse umane, compresi l'assunzione, la formazione, la motivazione e la valutazione dei dipendenti.

Assunzione

La scelta del personale giusto è il primo passo per una buona gestione delle risorse umane. È importante avere un processo di selezione ben strutturato che consenta di identificare i candidati con le competenze, l'esperienza e la personalità adatte per il ruolo. È altrettanto importante assicurarsi che il processo di selezione sia equo e non discriminatorio.

Un altro aspetto importante dell'assunzione è la cultura aziendale. Ogni impresa ha una cultura unica che influenza il modo in cui gli impiegati lavorano e interagiscono. È importante selezionare candidati che si adattino bene alla cultura dell'azienda per creare un ambiente di lavoro positivo e produttivo.

Formazione

Una volta che gli impiegati sono stati assunti, è importante fornire loro la formazione necessaria per svolgere il loro lavoro in modo efficace. La formazione può riguardare l'apprendimento delle competenze tecniche, della cultura aziendale e delle politiche e procedure dell'azienda.

La formazione continua è anche importante per lo sviluppo professionale degli impiegati. Fornire opportunità di formazione continua può aiutare gli impiegati a migliorare le loro competenze e aumentare la loro motivazione.

Motivazione

La motivazione degli impiegati è un fattore importante per il successo dell'azienda. Gli impiegati motivati sono più produttivi, si sentono più soddisfatti del loro lavoro e sono meno inclini a lasciare l'azienda.

Ci sono diverse strategie per motivare gli impiegati, tra cui la creazione di un ambiente di lavoro positivo, la ricompensa dei risultati eccellenti e la creazione di opportunità di sviluppo professionale. È importante anche ascoltare le preoccupazioni degli impiegati e rispondere alle loro esigenze in modo adeguato.La motivazione dei dipendenti può essere aumentata attraverso diverse iniziative, come riconoscimenti e premi, flessibilità nel lavoro, orari flessibili, telelavoro, e programmi di benessere per la salute mentale e fisica.

Valutazione dei dipendenti

La valutazione dei dipendenti è un'importante pratica di gestione delle risorse umane che consente di monitorare le prestazioni degli impiegati e fornire feedback per migliorare il loro lavoro. La valutazione può anche aiutare a identificare i dipendenti che hanno bisogno di ulteriore formazione o supporto.

Le valutazioni dei dipendenti dovrebbero essere effettuate regolarmente, in modo da fornire un feedback continuo e permettere ai dipendenti di migliorare le loro prestazioni. Dovrebbero essere anche equi e basate su criteri oggettivi.Una delle sfide più importanti nella gestione delle risorse umane è attrarre, selezionare e mantenere i talenti più qualificati e motivati. Un team altamente competente e motivato può fare la differenza tra il successo e il fallimento di un'azienda.

Per attirare i talenti migliori, le aziende devono essere in grado di offrire opportunità di crescita e sviluppo professionale, un ambiente di lavoro stimolante e gratificante, e una cultura aziendale che promuova il benessere dei dipendenti.

La selezione dei dipendenti dovrebbe essere basata su criteri oggettivi e trasparenti, valutando non solo le competenze tecniche ma anche le competenze comportamentali, come la capacità di lavorare in team, la leadership e l'adattabilità.

La gestione delle risorse umane deve anche affrontare questioni come la diversità e l'inclusione, creando un ambiente di lavoro che valorizzi la diversità e promuova l'uguaglianza di opportunità per tutti i dipendenti.

La gestione delle risorse umane deve preoccuparsi della salute e della sicurezza dei dipendenti, fornendo un ambiente di lavoro sicuro e salubre e sviluppando politiche e procedure per gestire eventuali rischi per la salute e la sicurezza sul luogo di lavoro.

Infine, la gestione delle risorse umane deve essere in grado di gestire conflitti e risolvere dispute in modo efficace e trasparente, mantenendo un ambiente di lavoro positivo e produttivo.

La gestione delle risorse umane è una parte fondamentale della gestione aziendale e richiede un'attenzione costante e un impegno per creare un ambiente di lavoro positivo e produttivo per tutti i dipendenti.

Conclusioni

In sintesi, la gestione delle risorse umane è un aspetto fondamentale per il successo di qualsiasi impresa.

Capitolo 9 - La comunicazione efficace

La comunicazione è uno degli elementi fondamentali nella gestione di un'azienda. Una comunicazione efficace tra i membri del team, i clienti e i fornitori può aiutare a raggiungere gli obiettivi aziendali in modo più rapido ed efficiente. In questo capitolo, esploreremo le migliori pratiche per una comunicazione efficace in stile magico, accogliente, professionale e molto intelligente.

1. Sii chiaro e diretto

La chiarezza è fondamentale nella comunicazione. Quando comunichi con i membri del tuo team, con i clienti o con i fornitori, assicurati di essere chiaro e diretto nelle tue parole. Usa frasi brevi e concise e evita di usare termini tecnici o complessi che potrebbero confondere il tuo pubblico. Cerca di comunicare con una voce calma e sicura per trasmettere il tuo messaggio in modo efficace.

2. Ascolta attentamente

Ascoltare attentamente è altrettanto importante quanto parlare in modo chiaro. Quando comunichi con qualcuno, dedica la tua piena attenzione alla conversazione. Cerca di capire le esigenze e le preoccupazioni dell'altro e rispondi di conseguenza. In questo modo, il tuo interlocutore sentirà di essere stato ascoltato e avrà maggiori probabilità di essere cooperativo.

3. Usa diversi canali di comunicazione

Le persone hanno modi diversi di comunicare e di ricevere informazioni. Alcune preferiscono le comunicazioni scritte, altre quelle orali. Usa diversi canali di comunicazione per raggiungere il tuo pubblico. Ad esempio, potresti utilizzare e-mail, messaggi di testo, chiamate telefoniche, videoconferenze o riunioni in persona. Tieni presente che ogni canale ha i suoi vantaggi e svantaggi, quindi scegli quello più appropriato per la situazione.

4. Sii empatico

L'empatia è importante in ogni tipo di comunicazione. Cerca di metterti nei panni dell'altro e di comprendere i suoi sentimenti e le sue prospettive. Questo ti aiuterà a comunicare in modo più efficace e a stabilire una relazione di fiducia con l'altro.

5. Usa il linguaggio del corpo

Il linguaggio del corpo può trasmettere messaggi importanti nella comunicazione. Ad esempio, una postura eretta e un contatto visivo diretto possono trasmettere fiducia e sicurezza, mentre una postura chiusa e un evitamento del contatto visivo possono trasmettere incertezza e insicurezza. Usa il linguaggio del corpo per supportare il tuo messaggio e per creare una relazione più efficace con il tuo pubblico.

6. Sii professionale e rispettoso

La comunicazione professionale e rispettosa è essenziale per mantenere una relazione di fiducia con i membri del team, i clienti e i fornitori. Usa un linguaggio pulito e rispettoso e evita di usare linguaggio offensivo o discriminante. Cerca di essere cortese e di mostrare rispetto per l'altro.

Oltre a ciò, è importante che la comunicazione sia sempre chiara e trasparente. Ciò significa che le informazioni devono essere presentate in modo che tutti possano capire e che non ci siano ambiguità o malintesi. Inoltre, è essenziale che le informazioni siano accurate e verificabili, in modo che non ci sia spazio per fraintendimenti o errori.

In sintesi, la comunicazione efficace è un elemento fondamentale per il successo delle imprese moderne. Attraverso una buona comunicazione, è possibile costruire relazioni solide con i clienti, collaboratori e fornitori, e creare un ambiente di lavoro positivo e produttivo. Con una comunicazione efficace, le imprese possono essere in grado di rispondere alle sfide del mercato in modo rapido ed efficiente, e di adattarsi alle mutevoli esigenze dei clienti. Per questo motivo, è fondamentale che gli imprenditori investano nella comunicazione efficace e che mettano in pratica le strategie descritte in questo capitolo per ottenere il massimo vantaggio dalla comunicazione nelle loro attività.

In conclusione, la comunicazione efficace è un elemento cruciale per il successo di qualsiasi impresa. I leader di successo comprendono l'importanza della comunicazione nella costruzione di relazioni solide e nel raggiungimento degli obiettivi aziendali. Investire nel miglioramento della comunicazione può fare la differenza tra il successo e il fallimento di un'impresa. Con le strategie e le tecniche descritte in questo capitolo, gli imprenditori possono ottenere una comunicazione più efficace e costruire un'impresa di successo.

Capitolo 10 - L'innovazione

L'innovazione è una componente fondamentale per il successo di qualsiasi impresa. Senza innovazione, le aziende rischiano di diventare obsolete e di perdere la loro posizione sul mercato. In questo capitolo, esploreremo l'importanza dell'innovazione e come può essere implementata in modo efficace.

Cos'è l'innovazione?

L'innovazione si riferisce alla capacità di introdurre nuove idee, prodotti, servizi o processi che portano a miglioramenti significativi. L'innovazione può avvenire in vari settori, tra cui la tecnologia, la scienza, la medicina, l'industria manifatturiera e molti altri.

L'importanza dell'innovazione

L'innovazione è essenziale per la crescita e il successo a lungo termine di qualsiasi impresa. Ci sono diverse ragioni per cui l'innovazione è così importante:

- Tenere il passo con i cambiamenti del mercato: i mercati cambiano costantemente e le aziende devono essere in grado di adattarsi per rimanere competitive. L'innovazione aiuta le aziende a trovare nuovi modi per soddisfare le esigenze dei clienti e rimanere al passo con le tendenze del mercato.

- Migliorare l'efficienza e la produttività:

l'innovazione può aiutare le aziende a trovare nuovi modi per svolgere le loro attività, migliorando l'efficienza e la produttività. Ciò può portare a una maggiore redditività e ad una maggiore capacità di competere sul mercato.

- Creare nuove opportunità di business: l'innovazione può aprire nuovi mercati e creare nuove opportunità di business per le aziende. Ciò può portare a un aumento delle entrate e dei profitti.

Esempi di innovazione aziendale

Ci sono molti esempi di aziende che hanno implementato l'innovazione in modo efficace. Ecco alcuni esempi:

- Apple: l'azienda di tecnologia Apple è nota per la sua innovazione nel settore dei dispositivi mobili. L'azienda ha introdotto il primo iPhone nel 2007, che ha rivoluzionato il modo in cui le persone utilizzano i telefoni cellulari.

- Tesla: la società di veicoli elettrici Tesla ha introdotto una serie di innovazioni nel settore automobilistico, tra cui la tecnologia di guida autonoma e le batterie ricaricabili.

- Amazon: l'azienda di e-commerce Amazon ha introdotto molte innovazioni nel settore del commercio online, tra cui la consegna in un giorno, il servizio di streaming video Amazon Prime e l'assistente vocale Alexa.

Come implementare l'innovazione in azienda

Implementare l'innovazione in azienda richiede una pianificazione e una strategia adeguata. Ecco alcuni suggerimenti per implementare l'innovazione in modo efficace:

1. Crea una cultura dell'innovazione: la cultura aziendale deve incoraggiare e sostenere l'innovazione. Ciò può essere fatto offrendo incentivi per le idee innovative e fornendo risorse e supporto per il loro sviluppo.

2. Sviluppa un processo di innovazione: un processo ben definito per l'innovazione aiuterà a garantire che le idee innovative siano implementate in modo efficace e efficiente. Il processo dovrebbe includere la generazione di idee, la valutazione, lo sviluppo, il testing e l'implementazione.

3. Coinvolgi i dipendenti: coinvolgere i dipendenti nell'innovazione può portare a idee fresche e innovative da persone che hanno una visione diversa dell'azienda e dei suoi processi. Ciò può essere fatto attraverso programmi di suggerimenti dei dipendenti, team di innovazione o sessioni di brainstorming.

4. Collabora con i partner: la collaborazione con i partner può portare a idee innovative e soluzioni che non sarebbero state possibili da sole. Ciò può essere fatto attraverso collaborazioni con altre aziende, università o organizzazioni.

5. Sperimenta e impara: l'innovazione comporta rischi e sperimentazione. Tuttavia, è importante imparare dai fallimenti e dai successi. Utilizzare i dati e le analisi per

capire cosa funziona e cosa no, e adattare di conseguenza.

6. Incorpora l'innovazione nella strategia aziendale: l'innovazione dovrebbe essere un elemento chiave della strategia aziendale. L'innovazione dovrebbe essere vista come una fonte di vantaggio competitivo e come un modo per mantenere l'azienda rilevante nel mercato.

Implementare l'innovazione in azienda richiede una cultura aziendale che la supporti, un processo ben definito, il coinvolgimento dei dipendenti, la collaborazione con i partner, la sperimentazione e l'apprendimento e l'incorporazione dell'innovazione nella strategia aziendale. Implementare l'innovazione in modo efficace può portare a vantaggi competitivi, migliorare la soddisfazione dei clienti e guidare il successo dell'azienda nel lungo termine.

Capitolo 11 - La passione

La passione è spesso considerata uno dei tratti distintivi degli imprenditori di successo. Ma cosa significa veramente avere passione per il proprio lavoro? E come può la passione portare a risultati eccezionali?

La passione è una forza motivante che spinge le persone a perseguire i loro obiettivi con energia e impegno. È l'energia che alimenta la perseveranza e la determinazione. La passione è la fiamma che brucia dentro di te, che ti spinge a fare il massimo e a superare i tuoi limiti. Senza passione, il lavoro diventa noioso, monotono e sgradevole.

Ma la passione non è solo un fattore motivazionale. È anche un fattore critico di successo. Gli imprenditori di successo hanno una passione per il loro lavoro che li spinge a fare di più, a innovare e a essere competitivi. La passione può essere il motore che alimenta la creatività e l'innovazione.

Tuttavia, la passione può essere un'arma a doppio taglio. Se non gestita correttamente, può portare a risultati negativi. La passione può diventare ossessiva e portare a decisioni irrazionali. Può anche portare a un eccessivo impegno, con l'imprenditore che sacrifica il proprio tempo libero, la salute mentale e fisica per il lavoro.

Ma come può un imprenditore gestire la propria

passione e utilizzarla in modo efficace?

La prima cosa da fare è capire ciò che ti appassiona veramente. Devi avere una chiara comprensione di ciò che ti piace fare e di ciò che ti motiva. Non puoi essere appassionato di qualcosa che non ti piace o che non ti interessa. Devi identificare la tua passione e lavorare per coltivarla.

Una volta identificata la tua passione, devi imparare a gestirla. La passione può essere molto intensa e può portare a decisioni irrazionali. Devi imparare a controllare la tua passione e a utilizzarla in modo produttivo. Impara a fare una pausa quando ne hai bisogno e ad ascoltare le opinioni degli altri.

Inoltre, devi essere realista riguardo alle tue aspettative. La passione può portare a grandi aspettative, ma devi essere consapevole delle difficoltà e dei fallimenti che incontrerai lungo la strada. Devi essere in grado di adattarti e di trovare soluzioni ai problemi.

La passione può anche essere trasmessa agli altri. Se sei un leader, devi essere in grado di trasmettere la tua passione ai tuoi dipendenti. Devi essere in grado di motivarli e di farli lavorare con te per raggiungere gli obiettivi dell'azienda.

Inoltre, la passione può essere contagiosa. Quando gli altri vedono quanto sei appassionato del tuo lavoro, possono essere ispirati a lavorare con te e a raggiungere grandi obiettivi insieme.

Ma non devi forzare la passione. Non tutti sono appassionati di ciò che fanno, e questo è perfettamente normale. Tuttavia, se non sei appassionato del tuo lavoro, potresti non essere felice e non ottenere il massimo risultato possibile.

Quindi, come puoi trovare la passione per il tuo lavoro? Inizia cercando il significato di ciò che fai. Cosa ti piace del tuo lavoro? Quali sono le sfide che ti motivano? Quali sono gli obiettivi a lungo termine che ti entusiasmano?

Fai attenzione alla tua mentalità. Se vedi il tuo lavoro come qualcosa che devi fare, è probabile che tu non sia appassionato. Invece, prova a vedere il tuo lavoro come una sfida, un'opportunità per crescere e migliorare.

Cerca l'ispirazione. Leggi libri e articoli sul tuo settore, incontra persone che ti ispirano e partecipa a eventi di networking. Trovare l'ispirazione può aiutarti a mantenere la passione e l'entusiasmo per il tuo lavoro.

La passione è un fattore chiave per il successo in qualsiasi lavoro o attività. Trovare la passione per il proprio lavoro può essere un processo, ma è fondamentale per raggiungere i propri obiettivi e per sentirsi appagati e felici nella propria carriera.

Capitolo 12 - La perseveranza

La perseveranza è un tratto fondamentale per chiunque cerchi il successo imprenditoriale. Ci sono molte sfide e ostacoli da affrontare lungo la strada, ma chi persevera e non si arrende alla prima difficoltà, è destinato a raggiungere grandi risultati.

Ma cos'è esattamente la perseveranza? La perseveranza è la capacità di mantenere il focus sui propri obiettivi a lungo termine, anche quando le cose sembrano difficili o addirittura impossibili. È la capacità di rimanere motivati e di non arrendersi di fronte ai fallimenti o alle critiche.

Per molti imprenditori di successo, la perseveranza è stata la chiave per superare momenti difficili e raggiungere i loro obiettivi. Steve Jobs, ad esempio, ha dovuto affrontare il fallimento della sua azienda, Apple, prima di riuscire a farla decollare di nuovo. Ma grazie alla sua perseveranza e alla sua determinazione, è riuscito a riportare l'azienda al successo.

Ma la perseveranza non è solo una questione di testa. È anche una questione di cuore. Per perseverare, devi avere una passione profonda per ciò che fai e per gli obiettivi che stai cercando di raggiungere. Devi essere disposto a lavorare sodo e a sacrificare molte cose per perseguire la tua visione.

Ecco alcuni suggerimenti per sviluppare la perseveranza:

1. Sii flessibile: la perseveranza non significa essere testardi e non voler cambiare idea. Devi essere in grado di adattarti ai cambiamenti e di essere flessibile nel tuo approccio.

2. Cerca supporto: trova persone che ti sostengano e ti incoraggino nei momenti difficili. Non hai bisogno di affrontare tutto da solo.

3. Prenditi cura di te stesso: per essere perseverante, devi avere anche una buona salute mentale e fisica. Assicurati di prenderti cura di te stesso e di dedicare del tempo al riposo e al relax.

4. Fai piccoli progressi ogni giorno: la perseveranza non significa necessariamente fare grandi passi avanti ogni giorno. Anche piccoli progressi sono importanti e ti aiuteranno a rimanere motivato.

5. Accetta i fallimenti: fallire fa parte del percorso verso il successo. Accetta i fallimenti come opportunità di apprendimento e non come un segnale per arrenderti.

In sintesi, la perseveranza è una qualità essenziale per chiunque cerchi il successo imprenditoriale. Sviluppare la perseveranza richiede una combinazione di determinazione, passione e flessibilità. Ma se sei disposto a lavorare sodo e a non arrenderti di fronte alle difficoltà, sei destinato a raggiungere grandi risultati.

Capitolo 13 - La capacità di apprendimento

Essere un imprenditore di successo richiede la capacità di apprendere costantemente e di adattarsi ai cambiamenti. La capacità di apprendimento è essenziale per migliorare la propria attività e rimanere competitivi sul mercato.

Ma cos'è esattamente la capacità di apprendimento e come può essere sviluppata? In questo capitolo esploreremo in dettaglio questi concetti e forniremo consigli pratici per migliorare la tua capacità di apprendimento.

Cos'è la capacità di apprendimento?

La capacità di apprendimento si riferisce alla capacità di imparare nuove informazioni, concetti e competenze in modo efficiente ed efficace. Questa capacità non riguarda solo l'acquisizione di conoscenze, ma anche la loro applicazione pratica.

La capacità di apprendimento è una qualità importante per gli imprenditori perché il mondo degli affari è in continua evoluzione. L'industria, la tecnologia e le preferenze dei consumatori cambiano rapidamente, e solo coloro che sono in grado di apprendere rapidamente e adattarsi saranno in grado di rimanere competitivi.

Come sviluppare la capacità di apprendimento?

Ci sono molte tecniche e strategie che puoi utilizzare per

sviluppare la tua capacità di apprendimento. Di seguito sono elencate alcune delle tecniche più efficaci:

1. Sii aperto al cambiamento: il primo passo per sviluppare la tua capacità di apprendimento è essere aperto al cambiamento. Devi essere disposto a mettere in discussione le tue convinzioni e adattarti ai nuovi concetti e informazioni.

2. Leggi e studia costantemente: la lettura e lo studio sono fondamentali per sviluppare la capacità di apprendimento. Leggi libri, riviste e articoli sui temi che ti interessano e partecipa a corsi di formazione per acquisire nuove competenze.

3. Metti in pratica ciò che hai imparato: la pratica è essenziale per consolidare ciò che hai imparato. Cerca di applicare le nuove conoscenze e competenze nella tua attività imprenditoriale.

4. Sii curioso e fai domande: la curiosità è un ottimo stimolo per l'apprendimento. Fai domande, cerca risposte e sperimenta nuove idee.

5. Condividi le tue conoscenze: condividere le tue conoscenze con gli altri ti aiuta a consolidare ciò che hai imparato e a vedere le cose da un altro punto di vista.

6. Cerca feedback: chiedi feedback sui tuoi progetti e sulle tue idee. Il feedback può aiutarti a identificare i tuoi punti di forza e di debolezza e a migliorare le tue prestazioni.

In sintesi, la capacità di apprendimento è essenziale per il successo imprenditoriale. Essere aperti al cambiamento, leggere e studiare costantemente, mettere in pratica ciò che hai imparato, essere curiosi, condividere le tue conoscenze e cercare feedback sono alcune delle strategie più efficaci per sviluppare la tua capacità di apprendimento. La conoscenza è un'arma potente per qualsiasi imprenditore, e la tua volontà di imparare continuamente ti permetterà di adattarti e di prosperare in un mercato sempre in evoluzione. Non avere paura di sperimentare nuove idee e di fallire, perché ogni fallimento è un'opportunità per apprendere e crescere. Sii sempre alla ricerca di nuove fonti di conoscenza e di ispirazione, e cerca di rimanere sempre umile e aperto alle opinioni degli altri. Con una forte capacità di apprendimento e un atteggiamento positivo, sarai in grado di superare qualsiasi sfida e di raggiungere il successo imprenditoriale che hai sempre desiderato.

Capitolo 14 - La flessibilità

La flessibilità è una delle abilità più importanti che un imprenditore può avere. In un mondo in continua evoluzione, con rapidi cambiamenti tecnologici, economici e sociali, la capacità di adattarsi alle nuove situazioni è fondamentale per il successo imprenditoriale.

Essere flessibili significa essere in grado di modificare la propria strategia in modo rapido ed efficiente quando le circostanze lo richiedono. Ciò può significare adattare il tuo prodotto o servizio alle esigenze dei clienti, cambiare la tua strategia di marketing per raggiungere un pubblico più ampio o addirittura riformulare l'intero modello di business.

La flessibilità richiede una mente aperta e la capacità di considerare nuove idee e prospettive. Gli imprenditori devono essere disposti a prendere rischi calcolati e ad esplorare nuove opportunità di business. Tuttavia, la flessibilità non significa necessariamente compromettere i propri principi o sacrificare la qualità del proprio lavoro.

Come sviluppare la flessibilità

Ci sono alcune strategie chiave per sviluppare la flessibilità come imprenditore:

1. Essere aperti al cambiamento: abbracciare il cambiamento come un'opportunità di crescita

piuttosto che resistere ad esso.

2. Mantenere una mente aperta: essere disposti a considerare nuove idee e prospettive, anche se inizialmente possono sembrare scomode o difficili da implementare.

3. Sperimentare: provare nuove cose e imparare dai propri errori. Questo può aiutare a sviluppare una mentalità di adattamento e a migliorare la propria capacità di adattarsi alle nuove situazioni.

4. Essere pronti a prendere rischi calcolati: valutare i rischi e i benefici potenziali di ogni nuova opportunità e agire di conseguenza.

5. Essere pronti a riformulare il proprio modello di business: se necessario, considerare l'opportunità di riformulare il proprio modello di business per adattarlo alle nuove esigenze del mercato.

Esempi di flessibilità nell'imprenditoria

Ci sono molti esempi di imprenditori che hanno dimostrato grande flessibilità nel loro percorso imprenditoriale. Ad esempio, il fondatore di Netflix, Reed Hastings, ha inizialmente lanciato il suo servizio di noleggio DVD per posta. Tuttavia, quando ha riconosciuto il crescente interesse per i servizi di streaming online, ha modificato il modello di business di Netflix per adattarlo alle nuove esigenze del mercato. Un altro esempio è quello di Jeff Bezos, fondatore di Amazon. Inizialmente, Amazon era un sito di e-commerce che vendeva solo libri online. Tuttavia, Bezos ha rapidamente ampliato la gamma di prodotti offerti da Amazon e ha investito in nuove tecnologie per migliorare l'esperienza degli utenti. Questa flessibilità ha permesso ad Amazon di diventare uno dei maggiori rivenditori online al mondo, con un'ampia varietà di prodotti disponibili per l'acquisto.

La flessibilità è essenziale anche nell'affrontare le sfide e le difficoltà che si presentano lungo il cammino imprenditoriale. Essere in grado di adattarsi rapidamente a situazioni impreviste, come cambiamenti del mercato o del settore, può fare la differenza tra il successo e il fallimento dell'azienda.

La flessibilità richiede anche di essere aperti alle nuove idee e ai nuovi approcci, di valutare le opinioni degli altri e di essere pronti a modificare le proprie strategie se necessario. Questo può richiedere una certa dose di umiltà e di capacità di imparare dai propri errori.

In sintesi, la flessibilità è una caratteristica essenziale per i leader imprenditoriali che vogliono avere successo. Essere disposti a cambiare direzione quando necessario, ad adattarsi alle situazioni impreviste e ad essere aperti alle nuove idee e agli input degli altri possono fare la differenza tra il successo e il fallimento dell'azienda.

Capitolo 15 - La creatività

La creatività è un elemento fondamentale per l'imprenditorialità di successo. È la capacità di pensare fuori dagli schemi, di ideare soluzioni innovative e di trovare modi per distinguersi dalla concorrenza. Ma come si può coltivare la creatività e usarla in modo efficace in un'attività imprenditoriale? In questo capitolo esploreremo alcune strategie per sviluppare la creatività e sfruttarla al meglio.

1. Abbraccia la diversità

La creatività spesso nasce dall'incontro di idee diverse provenienti da contesti diversi. Per questo motivo, è importante creare un ambiente che favorisca la diversità e l'inclusione. Cerca di avere una squadra eterogenea, composta da persone con background, esperienze e punti di vista diversi. In questo modo, avrai a disposizione una varietà di prospettive che potranno contribuire alla generazione di idee innovative.

2. Lavora sulla tua curiosità

La curiosità è un elemento fondamentale per la creatività. Cerca di mantenere sempre uno spirito aperto e di chiederti il perché delle cose. Esplora nuovi argomenti, leggi libri diversi, frequenti eventi culturali e conosci persone nuove. Queste esperienze ti aiuteranno a scoprire nuove idee e ad ampliare i tuoi orizzonti.

3. Non aver paura di sbagliare

La creatività spesso nasce dall'errore. Non avere paura di sbagliare e di fare esperienze nuove. Non preoccuparti troppo di fare tutto perfettamente, ma piuttosto sii disposto a imparare dai tuoi errori. Questo ti aiuterà a generare nuove idee e ad evitare di restare bloccato su un'unica soluzione.

4. Esplora nuove tecnologie e metodologie

Le nuove tecnologie e le nuove metodologie possono essere una grande fonte di ispirazione e di idee. Cerca di tenerti sempre aggiornato sulle nuove tendenze e sperimenta nuovi strumenti e tecniche. In questo modo, potrai trovare nuovi modi per risolvere i problemi e migliorare i tuoi prodotti e servizi.

5. Lavora sulla tua immaginazione

L'immaginazione è alla base della creatività. Cerca di stimolare la tua immaginazione attraverso esercizi di visualizzazione e di immaginazione. Immagina scenari diversi e cerca di pensare a soluzioni che non ti vengono in mente di solito. Questo ti aiuterà a sviluppare la tua capacità di pensare fuori dagli schemi.

6. Sii aperto alle idee degli altri

Le idee degli altri possono essere una fonte preziosa di ispirazione e di stimolo per la creatività. Sii sempre aperto alle idee degli altri e cerca di creare un ambiente collaborativo in cui le idee possano essere condivise liberamente. Questo ti aiuterà a generare nuove idee e a sviluppare soluzioni innovative.

In sintesi, la creatività è un elemento fondamentale per l'imprenditorialità di successo.

Essere creativi significa trovare modi innovativi per

risolvere problemi, creare prodotti e servizi unici e distinguersi dalla concorrenza. La creatività richiede una mente aperta, la capacità di vedere le cose da prospettive diverse e la disposizione a prendere rischi. Inoltre, la creatività può essere alimentata dalla curiosità, dalla conoscenza e dall'esperienza. Per coltivare la creatività, è importante esplorare nuove idee, incontrare nuove persone, viaggiare, leggere e impegnarsi in attività che stimolano l'immaginazione. La creatività può essere incoraggiata anche attraverso la collaborazione con altre persone e l'ascolto delle loro idee.

Capitolo 16 - La visione d'insieme

Per avere successo nell'imprenditoria, è essenziale avere una visione d'insieme. Ciò significa avere una comprensione completa della tua attività, dei suoi obiettivi e di come si inserisce nel contesto più ampio del mercato e della società in generale.

Una visione d'insieme richiede la capacità di vedere oltre il presente e di immaginare il futuro. Significa comprendere la direzione in cui si sta andando e come si intende raggiungere gli obiettivi prefissati. La visione d'insieme deve essere coerente con i valori dell'azienda e con la missione, e deve guidare ogni decisione e ogni azione.

Ma come sviluppare una visione d'insieme?

In primo luogo, è importante avere una comprensione approfondita del tuo mercato. Ciò significa conoscere i concorrenti, le tendenze del settore e le opportunità di crescita. Devi anche capire il tuo pubblico di riferimento e le esigenze dei clienti. Questo ti aiuterà a identificare le aree in cui la tua attività può avere successo e a sviluppare strategie per raggiungere questi obiettivi.

In secondo luogo, devi essere in grado di immaginare il futuro e di adattarti ai cambiamenti del mercato. Questo significa mantenere un occhio sulle tendenze emergenti e sulle innovazioni tecnologiche, e cercare di anticipare le esigenze dei clienti. Devi essere flessibile e pronto a cambiare la tua strategia se necessario.

In terzo luogo, devi avere una chiara comprensione della tua attività e dei suoi obiettivi a lungo termine. Ciò significa avere una strategia dettagliata per il futuro, compresi i piani di crescita, le strategie di marketing e di vendita e la gestione delle risorse.

Un esempio di visione d'insieme è quello di Elon Musk, fondatore di SpaceX, Tesla e altre aziende. Musk ha una visione a lungo termine per il futuro dell'umanità e sta lavorando per sviluppare tecnologie che possano aiutare a raggiungere questa visione. Ad esempio, con SpaceX, sta cercando di rendere la colonizzazione di Marte una realtà. Con Tesla, sta lavorando per creare un futuro a emissioni zero per l'industria automobilistica.

In sintesi, la visione d'insieme è un elemento essenziale per il successo imprenditoriale. È importante avere una comprensione completa del tuo mercato e delle sue tendenze, essere in grado di immaginare il futuro e adattarsi ai cambiamenti del mercato, e avere una chiara comprensione della tua attività e dei suoi obiettivi a lungo termine. La visione d'insieme deve essere coerente con i valori dell'azienda e con la missione, e deve guidare ogni decisione e ogni azione.

Capitolo 17 - La gestione del cambiamento

La gestione del cambiamento è un tema cruciale per qualsiasi imprenditore che voglia avere successo nel lungo termine. In un mondo in continua evoluzione, dove i mercati si muovono rapidamente e le tecnologie avanzano a un ritmo sempre più sostenuto, è fondamentale saper gestire i cambiamenti per rimanere competitivi.

La gestione del cambiamento può essere definita come la capacità di adattarsi alle nuove circostanze e di trasformare le sfide in opportunità. In altre parole, la gestione del cambiamento è la capacità di fare in modo che l'azienda rimanga flessibile e pronta ad affrontare i cambiamenti del mercato, per garantire la sopravvivenza e il successo.

Ma come si gestisce il cambiamento in modo efficace? Innanzitutto, bisogna comprendere che la gestione del cambiamento non riguarda solo il singolo imprenditore o il management, ma l'intera organizzazione. Tutti i dipendenti devono essere coinvolti e pronti ad adattarsi alle nuove situazioni.

Inoltre, la gestione del cambiamento richiede una pianificazione accurata e una strategia ben definita. Ecco alcuni suggerimenti per gestire il cambiamento in modo efficace:

1. Comunicazione: La comunicazione è fondamentale durante i periodi di cambiamento. Bisogna mantenere i dipendenti informati e coinvolti, spiegando loro perché il cambiamento è necessario, cosa cambierà e quali saranno gli obiettivi da raggiungere.

2. Pianificazione: È importante pianificare con cura il cambiamento, stabilendo i tempi, le risorse e le priorità. La pianificazione deve essere fatta in modo collaborativo, coinvolgendo tutti i membri dell'organizzazione.

3. Formazione: Il cambiamento può richiedere nuove competenze e conoscenze. È quindi importante fornire formazione ai dipendenti, in modo che possano adattarsi alle nuove esigenze dell'organizzazione.

4. Coinvolgimento: Coinvolgere i dipendenti nel processo di cambiamento è fondamentale. Bisogna far sentire loro parte integrante dell'organizzazione e dare loro l'opportunità di contribuire con le proprie idee e competenze.

5. Monitoraggio: È importante monitorare costantemente il processo di cambiamento, valutando se le strategie adottate stanno funzionando e se ci sono eventuali problemi da risolvere.

6. Adattamento: La capacità di adattarsi ai cambiamenti in corso è essenziale per il successo dell'organizzazione. Bisogna essere pronti a modificare le strategie in base

alle esigenze del mercato e alle evoluzioni tecnologiche.

La gestione del cambiamento deve essere vista come un'opportunità per l'organizzazione di crescere e migliorare. Il cambiamento può portare nuove idee, nuove sfide e nuove opportunità per l'azienda. È quindi importante essere aperti al cambiamento e pronti ad adattarsi alle nuove circostanze.

La gestione del cambiamento è un'abilità fondamentale per ogni imprenditore che vuole rimanere competitivo nel mercato in costante evoluzione. Ci sono molte ragioni per cui le imprese devono adattarsi ai cambiamenti, tra cui le nuove tecnologie, le nuove leggi e regolamentazioni, i cambiamenti del mercato e le esigenze dei clienti. Per rimanere al passo con questi cambiamenti, gli imprenditori devono essere pronti ad adattarsi, a volte in modo radicale.

Per gestire il cambiamento in modo efficace, gli imprenditori devono essere in grado di identificare le tendenze emergenti e prevedere i cambiamenti futuri. Ciò richiede una combinazione di analisi di dati, ricerche di mercato e buon senso. Gli imprenditori devono anche essere pronti a prendere decisioni rapide ed efficaci in risposta ai cambiamenti.

Un altro aspetto importante della gestione del cambiamento è la comunicazione. Gli imprenditori devono essere in grado di comunicare i cambiamenti in modo chiaro e convincente a tutti i membri dell'organizzazione. Inoltre, devono essere in grado di motivare il personale e mantenere un alto livello di morale durante i periodi di cambiamento.

Per gestire il cambiamento in modo efficace, gli imprenditori devono anche essere pronti ad assumersi rischi. Questo può significare investire in nuove tecnologie o prodotti, ma anche eliminare linee di prodotto o chiudere le attività che non sono più redditizie. È importante per gli imprenditori riconoscere quando un cambiamento è necessario e agire di conseguenza, anche se può essere doloroso o difficile.

Gli imprenditori devono essere in grado di adattarsi rapidamente ai cambiamenti e di continuare ad evolversi. Ciò richiede un impegno costante per l'innovazione e la ricerca, nonché la capacità di apprendere dai successi e dai fallimenti.

La gestione del cambiamento è essenziale per il successo imprenditoriale nel mondo in costante evoluzione di oggi. Gli imprenditori devono essere pronti ad adattarsi, a volte in modo radicale, e ad assumersi rischi. Devono anche essere in grado di comunicare i cambiamenti in modo chiaro e motivare il personale durante i periodi di cambiamento. La capacità di adattarsi rapidamente ai cambiamenti e di continuare ad evolversi è fondamentale per il successo a lungo termine dell'impresa.

Capitolo 18 - La gestione del conflitto

Nella vita imprenditoriale, il conflitto è inevitabile. Tuttavia, la capacità di gestirlo in modo efficace può fare la differenza tra il successo e il fallimento di un'impresa. La gestione del conflitto richiede abilità di comunicazione, empatia e rispetto per gli altri.

In questo capitolo, esploreremo le strategie per gestire il conflitto in modo efficace e costruttivo.

1. Ascolta attivamente: quando ci troviamo in una situazione conflittuale, la prima cosa da fare è ascoltare l'altra persona. Dobbiamo cercare di capire il punto di vista dell'altra parte e non interromperla. L'ascolto attivo è la chiave per risolvere i conflitti in modo efficace.

2. Mantieni la calma: quando siamo coinvolti in un conflitto, può essere facile lasciarsi prendere dalla rabbia o dalla frustrazione. Tuttavia, mantenere la calma e il controllo emotivo è essenziale per risolvere il conflitto in modo efficace. Dobbiamo evitare di dire cose che possano peggiorare la situazione e cercare di essere obiettivi.

3. Cerca di trovare un terreno comune: quando siamo in conflitto con qualcuno, è importante

cercare di trovare un terreno comune. Possiamo cercare di identificare le aree in cui siamo d'accordo e costruire su quelle. In questo modo, possiamo ridurre la tensione e creare un'atmosfera più collaborativa.

4. Proporre soluzioni: quando siamo in conflitto, dobbiamo cercare di proporre soluzioni. Possiamo chiedere all'altra parte quali soluzioni propone e cercare di trovare un accordo. È importante essere creativi e pensare fuori dagli schemi per trovare soluzioni che soddisfino entrambe le parti.

5. Chiedere aiuto: in alcuni casi, può essere difficile risolvere un conflitto da soli. In questi casi, è importante chiedere aiuto a un mediatore o a un consulente professionale. Un mediatore può aiutare le parti a comunicare in modo efficace e trovare un accordo.

La gestione del conflitto richiede abilità di comunicazione, empatia e rispetto per gli altri. Ascoltare attivamente, mantenere la calma, cercare di trovare un terreno comune, proporre soluzioni e chiedere aiuto sono alcune delle strategie per gestire il conflitto in modo efficace e costruttivo. La gestione del conflitto può essere difficile, ma con la giusta mentalità e gli strumenti giusti, è possibile risolvere anche i conflitti più difficili.

Capitolo 19 - La costruzione di relazioni d'affari

La costruzione di relazioni d'affari è uno dei pilastri fondamentali dell'imprenditorialità di successo. Quando si costruiscono relazioni solide e durature con i propri partner commerciali, clienti e fornitori, si crea un ambiente in cui tutti possono prosperare. Ma come si costruiscono queste relazioni? In questo capitolo, esploreremo alcune delle strategie chiave per costruire relazioni d'affari efficaci.

1. Comunicazione aperta e trasparente

La comunicazione è la chiave per qualsiasi relazione di successo, inclusa quella tra le imprese. Essere onesti e trasparenti nei confronti dei propri partner commerciali, ad esempio, può aiutare a costruire la fiducia e la credibilità. Inoltre, la comunicazione aperta e frequente può aiutare a risolvere i problemi in modo rapido ed efficace, mantenendo la relazione forte e duratura.

2. Creare valore per gli altri

La costruzione di relazioni d'affari durature si basa sulla creazione di valore reciproco. Ciò significa che le aziende dovrebbero cercare di fornire ai propri partner commerciali un valore che sia importante per loro. Ad esempio, fornire prodotti o servizi di alta qualità a prezzi competitivi può essere un modo per creare valore per i clienti. Inoltre, le aziende dovrebbero cercare di comprendere le esigenze dei propri partner commerciali e di rispondere alle loro esigenze in modo tempestivo ed efficace.

3. Essere affidabili

L'affidabilità è un altro elemento chiave per la costruzione di relazioni d'affari durature. Ciò significa che le aziende dovrebbero fare ciò che promettono e rispettare gli accordi presi. Inoltre, le aziende dovrebbero essere disponibili per i propri partner commerciali in caso di problemi e cercare di risolverli in modo tempestivo ed efficace.

4. Costruire relazioni personali

Le relazioni d'affari efficaci non si basano solo sulle transazioni commerciali, ma anche sulle relazioni personali. Pertanto, le aziende dovrebbero cercare di stabilire relazioni personali con i propri partner commerciali, ad esempio organizzando eventi sociali o partecipando a eventi del settore. Questo può aiutare a costruire la fiducia e la lealtà tra le imprese, rendendo più probabile che le relazioni d'affari durino nel tempo.

5. Essere flessibili

Infine, la flessibilità è un altro elemento chiave per la costruzione di relazioni d'affari efficaci. Le aziende dovrebbero cercare di essere flessibili nelle loro relazioni commerciali, ad esempio offrendo sconti o estendendo i termini di pagamento se necessario. Inoltre, le aziende dovrebbero essere disposte ad adattarsi ai cambiamenti del mercato e alle esigenze dei propri partner commerciali, per mantenere la relazione forte e duratura.

In sintesi, la costruzione di relazioni d'affari è essenziale per l'imprenditorialità di successo. La comunicazione aperta e trasparente, la creazione di valore reciproco, l'affidabilità, la fiducia e la risoluzione tempestiva dei problemi sono solo alcune delle strategie che possono aiutare a costruire e mantenere relazioni d'affari solide e durature. Tuttavia, è importante anche essere selettivi nella scelta dei partner commerciali e avere una visione a lungo termine delle relazioni che si intendono costruire, per garantire il massimo beneficio reciproco.

Capitolo 20 - La tecnologia

Il mondo degli affari si evolve costantemente, e la tecnologia gioca un ruolo fondamentale in questo processo. In particolare, le imprese di successo devono saper utilizzare la tecnologia in modo efficace per raggiungere i propri obiettivi. In questo capitolo, esploreremo come la tecnologia può aiutare le imprese a migliorare i loro processi, ad aumentare la produttività, ad espandere i loro mercati e a migliorare l'esperienza dei clienti.

Innanzitutto, la tecnologia può aiutare le imprese a migliorare i loro processi interni. Ad esempio, un software di gestione delle risorse umane può aiutare a gestire meglio i dipendenti e le loro attività, consentendo di monitorare il tempo di lavoro, gli obiettivi raggiunti, la produttività, e di programmare le attività future in modo più efficiente. Inoltre, la tecnologia può automatizzare molte delle attività ripetitive, come la gestione dei conti o la fatturazione, riducendo così gli errori umani e aumentando la velocità e l'efficienza del processo.

Inoltre, la tecnologia può aiutare le imprese ad espandere i loro mercati, raggiungendo nuovi clienti attraverso il web. Ad esempio, un sito web ben progettato può aiutare le imprese a raggiungere una vasta gamma di potenziali clienti in tutto il mondo, anche al di fuori del loro mercato di riferimento. Inoltre, i social media possono essere utilizzati per promuovere i prodotti e servizi dell'impresa e per costruire un'immagine positiva dell'azienda.

Infine, la tecnologia può migliorare l'esperienza dei clienti. Ad esempio, l'uso di chatbot o di software di assistenza virtuale può aiutare le imprese a fornire assistenza immediata ai clienti, rispondendo alle loro domande e ai loro problemi in tempo reale. Inoltre, l'uso di analisi dei dati può aiutare le imprese a comprendere meglio i loro clienti e le loro esigenze, offrendo loro prodotti e servizi personalizzati.

Tuttavia, l'utilizzo della tecnologia richiede anche una certa attenzione e competenza. Le imprese devono garantire la sicurezza dei dati dei loro clienti e dipendenti, proteggendoli da possibili attacchi informatici o furti di identità. Inoltre, le imprese devono anche essere in grado di gestire il cambiamento, adattandosi rapidamente alle nuove tecnologie e alle nuove esigenze del mercato.

In conclusione, la tecnologia è un elemento fondamentale per l'imprenditorialità di successo. Le imprese che sanno sfruttare la tecnologia in modo efficace possono migliorare i loro processi interni, espandere i loro mercati e migliorare l'esperienza dei loro clienti.Tuttavia, l'utilizzo della tecnologia richiede anche una certa attenzione e competenza, poiché le imprese devono garantire la sicurezza dei dati dei loro clienti e dipendenti e gestire il cambiamento in continuo della tecnologia stessa. Inoltre, le imprese devono essere in grado di adattarsi alle nuove tecnologie emergenti e sfruttare il potenziale per migliorare la propria produttività e competitività sul mercato.

Per esempio, molte imprese stanno adottando l'intelligenza artificiale (IA) e l'automazione per migliorare la loro efficienza e ridurre i costi. L'IA può essere utilizzata per automatizzare i processi ripetitivi, monitorare l'efficienza operativa e analizzare grandi quantità di dati per migliorare la comprensione del mercato e dei clienti.

Inoltre, la tecnologia può essere utilizzata per creare nuovi prodotti e servizi che soddisfano le esigenze dei clienti. Ad esempio, le tecnologie emergenti come la realtà aumentata e la realtà virtuale possono essere utilizzate per creare esperienze coinvolgenti per i clienti e migliorare l'esperienza d'acquisto online.

Tuttavia, è importante che le imprese siano consapevoli dei potenziali rischi associati all'uso della tecnologia e mettano in atto misure per proteggere i propri dati e quelli dei propri clienti. Inoltre, le imprese devono essere in grado di adattarsi rapidamente ai rapidi cambiamenti tecnologici e di sfruttare al meglio le nuove opportunità che la tecnologia offre.

In sintesi, la tecnologia è un elemento fondamentale per l'imprenditorialità di successo, ma richiede anche attenzione e competenza per gestire i potenziali rischi e sfruttare al meglio le nuove opportunità che offre.

Capitolo 21 - La responsabilità sociale

Negli ultimi anni, la responsabilità sociale delle imprese (CSR, Corporate Social Responsibility) è diventata sempre più importante per i consumatori e per la società in generale. Le imprese non sono più valutate solo in base ai loro profitti, ma anche in base alla loro capacità di avere un impatto positivo sulla società e sull'ambiente. In questo capitolo, esploreremo la CSR e come le imprese possono integrarla nella loro strategia per raggiungere il successo imprenditoriale.

La CSR si riferisce alla responsabilità delle imprese di agire in modo etico e sostenibile, di creare valore non solo per i loro azionisti, ma anche per la società e l'ambiente in cui operano. Ciò significa che le imprese devono considerare l'impatto delle loro decisioni e attività sui loro dipendenti, sulla comunità locale, sull'ambiente e sulla società nel suo insieme.

Perché la CSR è importante?

La CSR è importante per molte ragioni. In primo luogo, le imprese che adottano pratiche socialmente responsabili possono creare un vantaggio competitivo rispetto alle imprese che non lo fanno. I consumatori e i dipendenti sono sempre più attenti alla sostenibilità e alla responsabilità sociale delle imprese con cui interagiscono e preferiscono fare affari con aziende che si preoccupano per l'ambiente e la società.

In secondo luogo, le imprese che agiscono in modo responsabile possono contribuire a risolvere i problemi sociali e ambientali. Ad esempio, un'impresa che si impegna per la sostenibilità ambientale può ridurre l'impatto della propria attività sull'ambiente e promuovere pratiche sostenibili in tutta la catena di approvvigionamento. Ciò può avere un effetto a catena positivo sulla società e sull'ambiente in generale.

Infine, la CSR è importante perché le imprese sono membri della società e hanno una responsabilità nei confronti delle comunità in cui operano. Le imprese che si impegnano a creare un impatto positivo sulla società e sull'ambiente in cui operano possono migliorare la reputazione dell'azienda e contribuire a costruire relazioni positive con la comunità e le parti interessate.

Come le imprese possono integrare la CSR nella loro strategia?

Le imprese possono integrare la CSR nella loro strategia in diversi modi. Ecco alcune idee per iniziare:

Definire una visione e degli obiettivi a lungo termine per la CSR. Questo può includere la riduzione delle emissioni di gas serra, la promozione della diversità e dell'inclusione, l'adozione di pratiche di gestione sostenibile e l'investimento nella comunità locale.

Coinvolgere i dipendenti nella CSR. Le imprese possono organizzare attività di volontariato, fornire opportunità di formazione sulla sostenibilità e coinvolgere i dipendenti nella definizione degli obiettivi e delle strategie per la CSR.

Monitorare e comunicare i risultati della CSR. Le imprese dovrebbero misurare e monitorare il loro impatto sociale e ambientale, come ad esempio le emissioni di gas serra, il consumo di energia e le attività di volontariato. Inoltre, dovrebbero comunicare apertamente i loro risultati attraverso report di sostenibilità, comunicati stampa e siti web.

Collaborare con fornitori e partner per promuovere la CSR. Le imprese possono incentivare i propri fornitori e partner a adottare pratiche sostenibili e socialmente responsabili, ad esempio attraverso la definizione di standard di CSR per la catena di fornitura.

Innovare per la sostenibilità. Le imprese possono utilizzare la propria creatività e capacità di innovazione per sviluppare prodotti e servizi sostenibili e ridurre l'impatto ambientale delle loro attività.

La CSR non dovrebbe essere vista come un'aggiunta alla strategia aziendale, ma piuttosto come un elemento integrante e fondamentale per il successo a lungo termine dell'impresa. Integrare la CSR nella strategia aziendale può migliorare la reputazione dell'impresa, aumentare l'engagement dei dipendenti, ridurre i costi e creare valore a lungo termine per l'azienda e per la società nel suo complesso.

Capitolo 22 - La gestione del successo

La gestione del successo è un aspetto fondamentale per qualsiasi impresa che desideri raggiungere grandi risultati. Essa implica una serie di strategie e tecniche che consentono all'impresa di mantenere un alto livello di performance e di raggiungere obiettivi sempre più ambiziosi.

La gestione del successo richiede una visione a lungo termine, una pianificazione strategica accurata e una costante attenzione alle tendenze del mercato. In questo capitolo esploreremo le principali strategie e tecniche utilizzate per gestire il successo dell'impresa.

Visione a lungo termine

La gestione del successo inizia con una visione a lungo termine. L'impresa deve avere un'idea chiara di dove vuole essere tra 5, 10 o 20 anni e lavorare costantemente per raggiungere questi obiettivi. Ciò significa che l'impresa deve essere in grado di adattarsi ai cambiamenti del mercato e alle nuove tecnologie, ma allo stesso tempo mantenere una visione a lungo termine solida e costante.

Pianificazione strategica

La pianificazione strategica è un altro aspetto fondamentale della gestione del successo. Ciò significa che l'impresa deve essere in grado di identificare le sue forze e le sue debolezze, definire le opportunità di crescita e le minacce che si presentano nel mercato e sviluppare una strategia per raggiungere i propri obiettivi.

Inoltre, l'impresa deve essere in grado di adattare la sua strategia in base alle esigenze del mercato e ai cambiamenti delle condizioni economiche e sociali. Questo significa che la pianificazione strategica non deve essere un processo statico, ma piuttosto dinamico e flessibile.

Attenzione alle tendenze del mercato

La gestione del successo richiede anche un'attenzione costante alle tendenze del mercato. L'impresa deve essere in grado di individuare le opportunità di crescita e le nuove tecnologie che emergono nel mercato e adattarsi di conseguenza. Ciò significa che l'impresa deve essere in grado di anticipare le tendenze del mercato e agire di conseguenza per mantenere un vantaggio competitivo.

Innovazione

L'innovazione è un altro aspetto fondamentale della gestione del successo. L'impresa deve essere in grado di innovare e sviluppare nuovi prodotti e servizi per rimanere al passo con le esigenze del mercato. Ciò significa che l'impresa deve essere in grado di investire nella ricerca e nello sviluppo e di adottare nuove tecnologie e processi produttivi.

Gestione delle risorse umane

La gestione del successo richiede anche una gestione efficace delle risorse umane. L'impresa deve essere in grado di attrarre, motivare e trattenere i talenti che contribuiscono al successo dell'impresa. Ciò significa che l'impresa deve essere in grado di fornire un ambiente di lavoro stimolante e gratificante, offrire opportunità di crescita e di sviluppo.

Inoltre, la gestione del successo richiede anche la capacità di adattarsi ai cambiamenti del mercato e di innovare costantemente. Le imprese devono essere in grado di mantenere il loro vantaggio competitivo e di rinnovarsi per rimanere rilevanti. La gestione del successo richiede quindi un forte senso dell'orientamento al cliente e la capacità di anticipare i bisogni del mercato.

Per gestire il successo in modo efficace, le imprese devono anche essere in grado di valutare il loro progresso e di misurare i loro risultati. Ciò può includere la definizione di indicatori di prestazione chiave (KPI) e di obiettivi specifici, nonché la raccolta di dati per monitorare il loro progresso verso questi obiettivi.

Infine, la gestione del successo richiede anche una cultura aziendale che promuova l'innovazione, la creatività e la collaborazione. Le imprese devono creare un ambiente di lavoro che favorisca l'apprendimento continuo, lo sviluppo personale e la responsabilità individuale. Solo attraverso questo approccio si può garantire una gestione efficace del successo nel lungo termine.

In conclusione, la gestione del successo è un elemento essenziale dell'imprenditorialità di successo. Richiede una combinazione di leadership, strategia, innovazione, cultura aziendale e valutazione continua dei risultati. Con la giusta attenzione a questi elementi, le imprese possono gestire il loro successo in modo efficace e costruire un futuro sostenibile e di successo.

Capitolo 23 - La cura di sé

Essere un imprenditore di successo richiede molto impegno e dedizione, ma è anche importante non trascurare la cura di sé stessi. La cura di sé non solo aiuta a mantenere una buona salute fisica e mentale, ma può anche migliorare le prestazioni imprenditoriali. In questo capitolo, esploreremo alcune strategie che gli imprenditori possono utilizzare per prendersi cura di sé e migliorare il loro successo imprenditoriale.

1. Fare esercizio fisico

L'esercizio fisico non solo aiuta a mantenere una buona salute fisica, ma può anche migliorare l'umore e ridurre lo stress. Gli imprenditori possono trovare il tempo per fare esercizio fisico durante la giornata, ad esempio andando a correre o camminare prima o dopo il lavoro, iscrivendosi a una palestra o partecipando a lezioni di yoga o Pilates.

2. Mangiare in modo sano

Una dieta equilibrata e sana può aiutare gli imprenditori a mantenere elevati livelli di energia e migliorare la concentrazione. Gli imprenditori possono fare scelte alimentari sane, come mangiare frutta e verdura fresca, cereali integrali e proteine magre. Inoltre, possono evitare cibi ad alto contenuto di grassi saturi e zuccheri raffinati.

3. Dormire bene

Dormire bene è essenziale per mantenere la salute fisica e mentale. Gli imprenditori possono cercare di dormire almeno 7-8 ore a notte e creare una routine prima di andare a letto, ad esempio evitando di guardare lo schermo del computer o del telefono prima di dormire.

4. Ridurre lo stress

Lo stress può influire negativamente sulla salute mentale e fisica degli imprenditori e sulla loro capacità di prendere decisioni informate. Gli imprenditori possono trovare modi per ridurre lo stress, ad esempio meditando, praticando la respirazione profonda, facendo esercizio fisico o praticando un hobby.

5. Prendersi del tempo libero

Prendersi del tempo libero è importante per gli imprenditori per evitare il burnout e mantenere un equilibrio tra lavoro e vita privata. Gli imprenditori possono trovare modi per prendersi del tempo libero, come pianificando una vacanza o un weekend fuori città, dedicando del tempo ai loro hobby o passatempi, o trascorrendo del tempo con amici e familiari.

6. Continuare a imparare e crescere

La cura di sé può anche includere la crescita personale e professionale. Gli imprenditori possono trovare modi per continuare a imparare e crescere, ad esempio partecipando a corsi di formazione o conferenze, leggendo libri o articoli sulle ultime tendenze del settore o cercando il mentorship di un esperto del settore.

In sintesi, la cura di sé è importante per gli imprenditori per mantenere una buona salute fisica e mentale e migliorare il loro successo imprenditoriale.L'esercizio fisico, una dieta equilibrata, un sonno regolare, la riduzione dello stress e del carico di lavoro e la pratica di attività rilassanti come lo yoga o la meditazione possono aiutare gli imprenditori a prendersi cura di sé stessi. Inoltre, è importante avere una buona gestione del tempo e pianificare momenti di pausa e di svago.

Gli imprenditori possono anche considerare la possibilità di delegare alcune delle loro responsabilità a dipendenti di fiducia o a consulenti esterni, in modo da liberare tempo e ridurre lo stress. La creazione di un ambiente di lavoro sano e positivo, con un'attenzione alla cultura aziendale e alla comunicazione aperta, può anche contribuire alla salute mentale e al benessere degli imprenditori.

Infine, gli imprenditori dovrebbero essere consapevoli dei loro limiti e cercare aiuto professionale quando necessario, come ad esempio rivolgendosi a uno psicologo o a un coach per imprenditori. Prendersi cura di sé stessi non è solo importante per la salute e il benessere personale, ma anche per la gestione di un'impresa di successo a lungo termine.

Capitolo 24 - La consapevolezza finanziaria

La consapevolezza finanziaria è un aspetto fondamentale dell'imprenditorialità di successo. Imparare a gestire le proprie finanze e quelle della propria impresa può fare la differenza tra il successo e il fallimento. Ecco alcuni esempi di grandi imprenditori che hanno dimostrato una grande consapevolezza finanziaria:

1. Warren Buffett - Conosciuto come l'Oracolo di Omaha, Buffett è uno dei più grandi investitori della storia. Ha costruito la sua fortuna investendo in società solide e disprezzate e mantenendo un approccio prudente alla gestione del denaro.

2. Elon Musk - L'imprenditore visionario di Tesla e SpaceX ha dimostrato una grande abilità nella gestione del denaro. Ha investito ingenti somme nella sua azienda, ma allo stesso tempo ha mantenuto una stretta disciplina finanziaria per evitare di esaurire le risorse dell'azienda.

3. Bill Gates - Il fondatore di Microsoft ha dimostrato di avere una grande capacità di investimento e di gestione delle risorse finanziarie. Ha utilizzato le sue risorse per investire in nuove tecnologie e startup

promettenti, dimostrando un grande acume finanziario.

4. Oprah Winfrey - La famosa conduttrice televisiva e imprenditrice ha dimostrato una grande abilità nel gestire il suo patrimonio personale e gli investimenti aziendali. Ha saputo sfruttare le opportunità per creare un impero multimediale di successo.

5. Jeff Bezos - Il fondatore di Amazon ha dimostrato di avere una grande abilità nella gestione finanziaria. Ha investito strategicamente nella sua azienda, mantenendo un focus costante sulla crescita e sulla creazione di valore per gli azionisti.

In sintesi, la consapevolezza finanziaria è un aspetto essenziale dell'imprenditorialità di successo. Imparare dalle esperienze dei grandi imprenditori può aiutare a sviluppare le abilità necessarie per gestire le proprie finanze e quelle della propria impresa in modo efficace.

Una buona gestione delle finanze è essenziale per l'imprenditorialità di successo. Ecco alcuni consigli per sviluppare la consapevolezza finanziaria:

1. Impara a leggere i bilanci e le dichiarazioni dei redditi: avere una conoscenza di base dei principi contabili e delle dichiarazioni fiscali ti aiuterà a capire meglio la tua situazione finanziaria e a prendere decisioni informate.

2. Metti da parte un fondo di emergenza: gli imprevisti possono accadere e avere un fondo di emergenza ti aiuterà a far fronte alle spese inaspettate senza dover ricorrere a prestiti o

carte di credito.

3. Stabilisci un budget e mantienilo: crea un piano di spesa mensile o settimanale e aderisci ad esso. Monitora le tue spese e cerca di trovare modi per risparmiare denaro.

4. Investi in te stesso: continua a sviluppare le tue competenze e a investire in formazione. Ciò può aiutarti ad aumentare la tua capacità di guadagno e a sviluppare nuove opportunità di reddito.

5. Cerca consulenza professionale: se non sei sicuro di come gestire le tue finanze, cerca l'aiuto di un professionista qualificato, come un consulente finanziario o un commercialista.

Ci sono molti grandi imprenditori che hanno dimostrato di avere una forte consapevolezza finanziaria. Ad esempio, Warren Buffett è noto per essere un maestro dell'investimento e della gestione del denaro. Jeff Bezos, fondatore di Amazon, ha saputo trasformare la sua azienda in una potenza globale, grazie alla sua capacità di pianificare e investire saggiamente. Elon Musk, fondatore di Tesla e SpaceX, ha dimostrato di essere in grado di prendere rischi calcolati e di trovare modi innovativi per finanziare le sue ambiziose imprese.

Capitolo 25 - Il futuro dell'imprenditoria

Il futuro dell'imprenditoria è estremamente emozionante e pieno di sfide e opportunità senza precedenti. Mentre il mondo sta attraversando una trasformazione senza precedenti a causa della tecnologia, dei cambiamenti demografici e dei progressi scientifici, l'imprenditoria sta diventando sempre più importante per creare posti di lavoro, promuovere l'innovazione e stimolare la crescita economica.

Una delle tendenze chiave del futuro dell'imprenditoria è l'integrazione di tecnologie avanzate come l'intelligenza artificiale, l'Internet delle cose e la blockchain. Queste tecnologie stanno trasformando il modo in cui le imprese operano, consentendo loro di creare nuovi modelli di business, migliorare l'efficienza e migliorare l'esperienza del cliente. Ad esempio, molte aziende stanno già utilizzando l'intelligenza artificiale per migliorare l'automazione e l'efficienza delle loro operazioni, mentre la blockchain viene utilizzata per garantire la sicurezza e la trasparenza delle transazioni.

Un'altra tendenza importante nel futuro dell'imprenditoria è l'aumento della collaborazione tra le imprese. Mentre le imprese si stanno rendendo conto dell'importanza di creare valore reciproco e collaborare per affrontare sfide comuni, si prevede che l'interconnessione tra le imprese continuerà ad aumentare in modo significativo. Le alleanze strategiche e le partnership tra le imprese stanno diventando sempre più comuni, con l'obiettivo di creare nuove opportunità di business, migliorare l'efficienza e accedere a nuovi mercati.

Il futuro dell'imprenditoria sarà anche caratterizzato da un'enorme attenzione alla sostenibilità e alla responsabilità sociale delle imprese. Con la crescente preoccupazione per il cambiamento climatico e la disuguaglianza economica, le imprese stanno assumendo un ruolo sempre più attivo nel promuovere pratiche sostenibili e socialmente responsabili. Si prevede che questo trend continuerà a crescere nel futuro, con sempre più imprese che adotteranno pratiche di business sostenibili e investiranno nella comunità locale.

Infine, il futuro dell'imprenditoria sarà influenzato dai cambiamenti demografici in corso. Con l'invecchiamento della popolazione e l'aumento della diversità etnica e culturale, le imprese dovranno adattarsi a un ambiente in continua evoluzione. Le imprese che saranno in grado di comprendere e soddisfare le esigenze dei consumatori in un mondo sempre più diversificato avranno maggiori possibilità di successo nel futuro.

In sintesi, il futuro dell'imprenditoria è pieno di sfide e opportunità emozionanti. L'integrazione di tecnologie avanzate, l'aumento della collaborazione tra le imprese, l'attenzione alla sostenibilità e alla responsabilità sociale delle imprese e l'adattamento ai cambiamenti demografici saranno tutti fattori importanti nel determinare il successo delle imprese nel futuro.Il futuro dell'imprenditoria si preannuncia estremamente promettente e pieno di opportunità. L'evoluzione della tecnologia, la crescente consapevolezza ambientale e sociale e l'apertura dei mercati internazionali stanno creando un terreno fertile per la nascita di nuove imprese innovative e di successo.

Le nuove tecnologie stanno già rivoluzionando il modo in cui le imprese operano. L'Intelligenza Artificiale (IA), l'Internet of Things (IoT), la blockchain e le tecnologie di cloud computing stanno creando nuove possibilità per le imprese, consentendo di automatizzare i processi, migliorare l'efficienza, ridurre i costi e fornire un'esperienza utente più personalizzata.

In futuro, le imprese che adotteranno le tecnologie emergenti e le integrazioni di AI e IoT saranno in grado di creare soluzioni innovative per soddisfare le esigenze dei clienti in modo più efficace e rapido. L'automazione delle attività ripetitive e la gestione dei dati in tempo reale aumenteranno l'efficienza, permettendo alle imprese di concentrarsi su attività ad alto valore aggiunto e di prendere decisioni migliori e più informate.

Allo stesso tempo, la responsabilità sociale e ambientale continuerà ad essere una priorità per le imprese. L'attenzione alla sostenibilità ambientale, alla diversità e all'inclusione e al coinvolgimento nella comunità diventeranno ancora più importanti per le imprese che cercano di mantenere la loro reputazione e di guadagnare la fiducia dei clienti.

La globalizzazione continuerà a guidare l'imprenditoria

del futuro. Le imprese saranno sempre più aperte ai mercati internazionali, fornendo opportunità per la collaborazione globale e la crescita. La tecnologia renderà più facile per le imprese fare affari in tutto il mondo, rompendo le barriere geografiche e culturali.

Inoltre, le imprese continueranno a utilizzare modelli di business flessibili, come il lavoro remoto e la collaborazione con freelance, per sfruttare al meglio il talento disponibile in tutto il mondo. Ciò consentirà alle imprese di avere accesso a competenze specializzate in modo più rapido ed economico.

In sintesi, il futuro dell'imprenditoria sarà guidato dalla tecnologia, dalla responsabilità sociale e ambientale e dalla globalizzazione. Le imprese che saranno in grado di adattarsi rapidamente ai cambiamenti del mercato e di abbracciare le nuove tecnologie e le nuove opportunità saranno quelle che avranno successo nel futuro.

CONCLUSIONE

In conclusione, questo libro ha esplorato una vasta gamma di argomenti legati all'imprenditorialità, dalla definizione di un'idea imprenditoriale vincente, alla creazione di un business plan efficace, alla gestione delle finanze, all'integrazione della CSR nella strategia aziendale e alla cura di sé come imprenditore. Abbiamo anche esplorato il futuro dell'imprenditoria e come gli imprenditori possono prepararsi per i cambiamenti a venire.

Attraverso la lettura di questo libro, speriamo che il lettore abbia acquisito una comprensione più approfondita dell'imprenditorialità e delle sfide e opportunità che essa comporta. Abbiamo cercato di fornire un approccio pratico e realistico alla creazione e alla gestione di un'impresa di successo, mentre allo stesso tempo incoraggiando la creatività e la visione futuristica.

Come scrittore, vorrei fornire alcuni consigli per coloro che stanno iniziando il loro viaggio imprenditoriale. Innanzitutto, è importante avere una forte passione e motivazione per la propria idea imprenditoriale. La passione e la motivazione sono ciò che ti daranno la determinazione di superare gli ostacoli che incontrerai lungo il cammino.

In secondo luogo, è importante essere

aperti al cambiamento e alla sperimentazione. L'imprenditorialità è un'attività dinamica e in continua evoluzione, e ciò significa che ci saranno momenti in cui sarà necessario apportare modifiche alla propria idea iniziale. Essere aperti al cambiamento e alla sperimentazione ti darà la flessibilità necessaria per adattarsi alle sfide che incontrerai lungo il percorso.

Infine, è importante cercare il supporto e la collaborazione con altri imprenditori e professionisti del settore. Essere parte di una comunità di imprenditori può fornirti l'ispirazione, il supporto e le risorse di cui hai bisogno per far crescere la tua attività.

In sintesi, l'imprenditorialità è un'avventura emozionante e gratificante, ma anche impegnativa e piena di sfide. Speriamo che questo libro abbia fornito al lettore le conoscenze e le risorse necessarie per avere successo nel proprio viaggio imprenditoriale. Ricorda sempre di avere passione, essere aperti al cambiamento e cercare il supporto della comunità imprenditoriale. Con queste qualità, puoi fare grandi cose nel mondo dell'imprenditoria.